CERVEJAR
É PRECISO BEBER NÃO É PRECISO

ALEX THAUMATURGO DIAS

CERVEJAR
É PRECISO BEBER NÃO É PRECISO

CÁLCULO CERVEJEIRO PARA ELABORAÇÃO DE RECEITAS

2ª EDIÇÃO

Copyright © 2020 by Editora Letramento
Copyright © 2020 by Alex Thaumaturgo Dias

DIRETOR EDITORIAL | Gustavo Abreu
DIRETOR ADMINISTRATIVO | Júnior Gaudereto
DIRETOR FINANCEIRO | Cláudio Macedo
LOGÍSTICA | Vinícius Santiago
DESIGNER EDITORIAL | Gustavo Zeferino e Luís Otávio Ferreira
EDITORA | Laura Brand
COMUNICAÇÃO E MARKETING | Giulia Staar
CAPA | Gustavo Zeferino

Todos os direitos reservados.
Não é permitida a reprodução desta obra sem
aprovação do Grupo Editorial Letramento.

Dados Internacionais de Catalogação na Publicação (CIP) de acordo com ISBD

T368c	Thaumaturgo, Alex
	Cervejar é preciso – beber não é preciso: cálculo cervejeiro para elaboração de receitas / Alex Thaumaturgo. - 2. ed. - Belo Horizonte : Letramento ; Fome de?, 2020.
	268 p. : il. ; 15,5cm x 22,5cm.
	Inclui bibliografia.
	ISBN: 978-85-9530-368-3
	1. Cerveja. 2. Receita. 3. Bebidas. 4. Gastronomia. I. Título.
2020-106	CDD 641.23
	CDU 663.4

Elaborado por Vagner Rodolfo da Silva - CRB-8/9410

Índice para catálogo sistemático:
1. Cerveja 641.23
2. Cerveja 663.4

Belo Horizonte - MG
Rua Magnólia, 1086
Bairro Caiçara
CEP 30770-020
Fone 31 3327-5771
contato@editoraletramento.com.br
editoraletramento.com.br
casadodireito.com

A MINHA FAMÍLIA, VICA, LUCCA E MATTEO

PREFÁCIO

INTRODUÇÃO

A CERVEJA E SEU PROCESSO DE FABRICO

PROJETANDO UMA RECEITA DE CERVEJA

MALTES ("A ALMA")

PROCESSO ENZIMÁTICO E AS TÉCNICAS DE MOSTURA

ÁGUA ("O MEIO")

79

LÚPULO ("A GRACIOSIDADE")

107

LEVEDURA CERVEJEIRA ("A MAGIA")

173

FINALIZAÇÕES

197

EXEMPLOS COMPLETOS DE RECEITAS DE CERVEJAS

233

REFERÊNCIAS

265

PREFÁCIO

Muito honrado pela lembrança do amigo e estudioso Alex Thaumaturgo Dias. Logo, cabe-me introduzir este excelente livro. Em um país extremamente carente de literatura cervejeira de qualidade, chega a ser uma ousadia se propor a escrever um livro com tamanha base técnica. No caso de *Cervejar é preciso: cálculo cervejeiro para elaboração de receitas* a ousadia é tão grande que chegamos à segunda edição. A primeira foi escrita nos primórdios da cerveja artesanal brasileira, o que não faz muito tempo. Nestes poucos anos o mercado evoluiu enormemente, sobre uma base uma pequena. Agora estamos em uma segunda fase, muito mais ampla, e agora o desafio é maior ainda.

Neste contexto, *Cervejar é preciso* é realmente um objeto de precisão. Precisão na ciência que há por trás da paixão de cada cervejeiro. E é a ciência que Alex se dedica. Especificamente aos cálculos cervejeiros, dos mais elementares aos mais complexos. Fruto de uma dedicação diária ao estudo e à comprovação, temos literatura técnica brasileira de qualidade. Há temas que parecem superados, mas quando alguém resolve se aprofundar percebemos que ainda há muito mais a aprender.

Com cálculos que vão de insumos aos processos produtivos, Alex é extremamente didático em todo o livro. Tive o prazer de ter ele como aluno na Escola Superior de Cerveja e Malte e tenho o prazer de ter ele como amigo. Junto com uma infinidade de outras pessoas estudiosas e apaixonadas, temos ajudado a revolução da cerveja artesanal brasileira. É um trabalho árduo, mas recompensador, e pessoas como o Alex são os pilares disso tudo.

Ousando e se desafiando, lá vamos nós. Que você que tem esse livro em mãos aproveite o máximo para melhorar ainda mais as suas cervejas. Com toda esta informação e conhecimento, hoje somos melhores do que ontem, pois começamos sobre os ombros de gigantes, como Alex. Agora nos toca fazer o amanhã melhor ainda.

Há uma recomendação que não posso deixar de fazer. Aprecie sem moderação!!!

CARLO ENRICO BRESSIANI

Diretor Geral da Escola Superior de Cerveja e Malte, *sommelier* de Cervejas ESCM/Doemens, PhD em Finanças pela Universitat Ramon Llull em Barcelona, consultor e autor de livros nas áreas inovação, projetos e finanças

INTRODUÇÃO

Em meados de 2005, comecei a pensar em fazer cerveja em uma panela de forma caseira. Motivei meu pai, Carlos Roberto Dias, que hoje é o cervejeiro prático oficial da Cervejaria Los Dias, e iniciamos nossa busca pelo conhecimento e aprendizagem do assunto, tendo em vista que, naquele momento, pouco entendíamos de produção de cerveja, bem como suas particularidades. Além de nada saber sobre a produção de cerveja, à época outro fator restritivo era a falta de informações e literatura adequada para consulta. Começamos passo a passo, procurando entender, primeiro, o era a cerveja, seu processo de fabrico, as necessidades para se fazer uma boa cerveja para repeti-la com sucesso. Simultaneamente, no Brasil, começou a existir uma efervescência quanto à produção de cerveja artesanal. As informações, então, começaram a aparecer, e a escola americana passava a ser uma referência para nós.

A internet foi um fator decisivo neste processo, tanto pelas informações que lá existiam, como pela possibilidade de em um simples clique pudéssemos comprar livros de autores americanos ótimos sobre produção de cerveja. Por isso, posso afirmar que sem a internet este sonho não seria possível de se realizar.

Em 2007, fizemos nossa primeira brassagem, e começamos nosso pequeno voo. Depois de um tempo, aprendi que havia duas "sintonias" na produção de cerveja: uma *sintonia grossa*, rudimentar, básica, que se é possível de atingir rapidamente e sem muito estudo ou experiência; e uma *sintonia fina*, mais elaborada, que só com muito estudo e testes seria possível de conseguir objetivando cervejas excepcionais. Mas a questão que se apresentava naquele momento era: fazer uma cerveja apenas com a "*sintonia grossa*" é suficiente para entrarmos no mercado e lançarmos nossa própria marca? Logo tivemos a resposta: não, não era suficiente. A cerveja apenas com a *sintonia grossa* era boa, mas "infantil".

Por volta de 2010, passamos a nos dedicar a essa *sintonia fina* para a produção das nossas cervejas, e descobrimos, o quanto nós éramos rasos e o quanto teríamos que estudar para conseguir realizá-la.

O Brasil continuava efervescendo, com mais informações sobre o assunto e de fácil acesso, comecei a colecionar artigos e livros relativos à produção e qualidade de cervejas e passamos a implementar mudanças, lentas e graduais na cervejaria, cerveja por cerveja, experimentando e aprendendo, gerando uma experiência sobre como cada variável (e não são poucas!) que se relaciona com a percepção geral de si própria. Porém, uma frase nunca saiu da minha cabeça: "Precisamos fazer cerveja com qualidade, esse tem que ser nosso diferencial".

No início de 2015, as cervejas da Cervejaria Los Dias estavam em uma última fase de ajuste e começamos a ser reconhecidos como uma cervejaria que produzia cervejas dentro dos estilos consagrados e com qualidade indiscutível. Foi neste instante que pensei e resolvi escrever esse livro, para que eu pudesse contribuir, principalmente, com os cervejeiros caseiros, que não param de crescer neste país. Com o intuito de auxiliá-los em suas brassagens, aqui se encontra boa parte de tudo que aprendi, ao longo de anos, de forma compilada. Confesso que não conheço material igual a esse, no entanto, vale lembrar, que não sou um pesquisador/desenvolvedor de tecnologias cervejeiras, todas essas informações já existem e estão por aí, sou apenas um organizador e, assim espero, catalisador de tudo.

A efervescência pela qual o Brasil passa hoje em dia quanto à produção de cervejas artesanais é ótima, estimuladora e empreendedora, mas entendo também que essa revolução da cerveja artesanal terá que passar por um segundo momento, em que a qualidade da cerveja será o ponto crucial nessa revolução. E essa é a nossa procura, esse é o nosso discurso.

Neste livro, portanto, tenho o objetivo de apresentar os cálculos básicos para a elaboração de receitas cervejeiras.

Os assuntos sobre o processo de fabricação e elaboração de receitas para cervejas artesanais, seguindo o guia de estilo são complexos e profundos, logo, aproveito para sugerir leituras complementares. Outra informação importante é que as equações básicas contidas aqui estão na sua maioria "amarradas", correlacionadas com suas densidades originais e finais, o que do ponto de vista técnico científico, seria mais comum defini-las em função do extrato em °Plato, mas como o densímetro é o instrumento mais presente na vida dos cervejeiros caseiros resolvi fazer essa opção.

A utilização de densidades nas formulações apresentadas nesse livro pode levar a pequenos erros, porém erros no sentido de precisão, o que não interfere significativamente no resultado. Mas adiante, veremos algumas comparações para provar que de fato o tal erro é realmente desprezível. Sem querer me estender, registro aqui minha admiração a um dos maiores escritores da história literária, Fernando Pessoa, que disse a célebre frase, "Navegar é preciso viver não é preciso". O termo preciso na frase se refere a algo exato, no sentido de precisão, homenageio-o com o singelo título desta obra.

ALEX THAUMATURGO DIAS

Formado em Tecnologia Cervejeira pela Siebel Institute of Technology

A CERVEJA E SEU PROCESSO DE FABRICO

É denominada "cerveja" a bebida alcoólica resultante da fermentação de cereais, maltados ou não maltados em água potável, acrescida de lúpulo, impondo amargor, aroma, sabor e textura . É uma bebida milenar, existindo registros da sua existência desde a Mesopotâmia e o Egito Antigo. Definitivamente, a cerveja que bebemos hoje em dia nada tem a ver com a sua versão primordial, tendo em vista a evolução tecnológica de fabrico e das matérias-primas empregadas.

Atualmente, as cervejas são divididas em duas famílias, num primeiro nível: Ale e Lager - relativo ao tipo de fermentação - e divididas, num segundo nível, em estilos. Esses estilos são catalogados e apresentam características e parâmetros próprios, provavelmente adquiridos devido a alguns aspectos, tais como: a região onde as cervejas foram produzidas originariamente, as matérias-primas utilizadas na sua produção, as características mineralógicas da água entre outros, resultando cervejas com aroma, aparência, sabor, sensação na boca únicas.

A produção da cerveja nos dias atuais pode ser dividida em produção caseira, em microcervejaria e em macrocervejaria, basicamente o que diferenciam esses três modos de produção é um fator de escala e algumas limitações tecnológicas, mas as etapas do processo de fabricação em si são praticamente as mesmas.

As matérias-primas utilizadas na produção de uma boa cerveja são: água potável ("O Meio"), malte ("A Alma"), lúpulo ("A Graciosidade") e levedura ("A Magia). Existe ainda a possibilidade do emprego de cereais não maltados, açúcares, entre outros ingredientes e adjuntos. Em alguns casos, a utilização destes adjuntos é recomendada e fundamental para adequar a cerveja a um estilo específico. Em outros, a utilização de outras matérias primas, além daquelas quatro fundamentais se configuraria como uma heresia, por isso afirmo: use os cereais não maltados, açúcares e outros adjuntos com moderação e respeitando os limites máximos prescritos na literatura mundial e legislação vigente.

Durante anos, a ação de fazer cerveja era associada a uma questão mística, divina, sobrenatural e realmente, apesar de toda ciência que cerca sua fabricação nos dias de hoje, a junção destes ingredientes únicos parece ser divina. Refiro-me em tom lúdico a estes ingredientes: "O Meio", "A Alma", "A Graciosidade" e "A Magia".

O processo de fabrico da cerveja passa necessariamente por várias etapas, iniciando-se pela moagem dos grãos, mostura, filtragem do mosto e lavagem dos grãos, fervura do mosto, adição do lúpulo, clarificação do mosto ou Whirlpool, resfriamento do mosto, inoculação das leveduras, fermentação, maturação, filtração e envase da cerveja, todo esse processo deve ser feito com os cuidados requeridos e as devidas técnicas de sanitização.

A MOAGEM

É um processo mecânico e tem como objetivo romper a casca do malte e expor seu endosperma, expor o amido existente no grão, facilitando a atuação das enzimas, a moagem também é um dos fatores determinantes na eficiência de sua brassagem. O malte moído adequadamente não apresenta grãos inteiros, mas mantém a casca com certa integridade, separando o endosperma e produzindo uma quantidade mínima de pó branco. A integridade das cascas ajuda na filtração do mosto, que durante o processo de fabricação formará um filtro natural no Lauter. Observe o antagonismo desta fase, produzir cascas integras com o seu endosperma moído e uniforme, é assim que deve ser.

A MOSTURAÇÃO

Nada mais é do que o cozimento, a cocção do malte em água cervejeira, nesta fase as enzimas produzidas na malteação atuam e tem como objetivo a solubilização da maior quantidade possível de extrato, ou seja, converter os amidos do malte em açúcares fermentáveis e não fermentáveis, além de gerar minerais, vitaminas e proteínas entre outros para a continuidade do processo cervejeiro. Para a mosturação transcorrer de forma ótima é necessário fazer uma mistura de água e malte, adequada e homogeneizada, respeitando relações entre grãos de malte moído e quantidade de água, observando temperaturas e pH corretos. Por hora é só, adiante trataremos sobre o processo enzimático e as técnicas de mostura por infusão e decocção.

A FILTRAGEM DO MOSTO E LAVAGENS DOS GRÃOS

Nesta fase o objetivo é separar o bagaço do malte, ou a parte sólida do malte, da parte líquida resultante da cocção, denominada de mosto. Neste momento, aparecem os termos mosto primário e mosto secundário, que serão definidos à frente. Relativo à filtragem, destacamos primeiramente a transferência deste mosto com bagaço para um filtro (denominado Lauter), no caso das microcervejarias; para os cervejeiros caseiros isso se resume a uma panela com um fundo falso ou algo equivalente.

Depois desta transferência, realizamos a recirculação do mosto, retirando o líquido do fundo da panela e lançando por cima, a recirculação ajuda a formar um filtro natural de bagaço de malte, sendo esse o responsável pela filtragem do mosto.

Uma vez filtrado, passa-se a parte líquida resultante deste processo para uma nova panela, denominada panela de fervura. Deve se ter muito cuidado neste procedimento para não oxidar o mosto, pois isso seria prejudicial. Essa fração líquida primeira é denominada mosto primário, porém ainda há nos grãos açúcares, minerais, vitaminas e proteínas entre outros que caso desprezado reduziria a eficiência da brassagem, então há a necessidade da lavagem destes grãos com água e nova recirculação. Todo o procedimento supracitado é repetido e o resultado é denominado de mosto secundário.

A FERVURA DO MOSTO E LUPULAGEM

Depois de separar o líquido proveniente da mostura, dos bagaços de malte existente, tem-se início a fase de fervura, que tem vários objetivos, tais como a esterilização do mosto, promover o desenvolvimento da cor desejada através da caramelização dos açúcares e formação das melanoidinas, promover a evaporação de parte da água e elevar o teor de extrato do mosto ao nível exigido pelo processo fermentativo, promover a coagulação de proteínas e polifenóis (trub), eliminar compostos voláteis e aromáticos indesejáveis e, por fim, o mais esperado, fazer a adição do lúpulo dando uma característica única as suas cervejas. O tempo de fervura é um critério do cervejeiro, "amarrado" com a quantidade de água que deve ser evaporada neste processo, além da forma de lupulagem que se pretende, mas invariavelmente à fervura está entre 60 a 90 minutos, a adição do lúpulo pode ser feita no início, no meio ou no fim da fervura. Diante deste fato a lupulagem recebe respectivamente os nomes de *lupulagem de amargor*, l*upulagem de sabor* e *lupulagem de aroma*, observando a ideia de que quanto mais perto do fim da fervura executarmos a lupulagem, mais as características essenciais do lúpulo serão mantidas, tais como aroma e sabor, ou seja, menos volatilização.

WHIRLPOOL

Após a fervura, inicia-se a clarificação do mosto, no qual consiste em fazer um redemoinho, uma rotação do mosto com a finalidade de criar forças centrifugas e depositar o material coagulado de proteínas, resíduos do lúpulo e polifenóis no centro da panela, facilitando sua retirada e realizando sua clarificação de forma eficiente.

RESFRIAMENTO DO MOSTO

É a etapa onde o mosto passa da temperatura fim de fervura e Whirlpool, valores entre 90°C a 70°C, para a temperatura de fermentação, variando entre 6°C e 26°C conforme o tipo da levedura utilizada e dos critérios definidos pelo cervejeiro, essa redução pode ser feita com serpentinas ou resfriadores de placas, sendo o primeiro mais comum para os cervejeiros caseiros e segundo mais comum em microcervejarias.

INOCULAÇÃO DAS LEVEDURAS

Depois de resfriar o mosto é hora de aerar e inocular as leveduras. A aeração é necessária, pois a multiplicação da levedura só ocorre na presença de oxigênio, uma vez inoculadas é só esperar "A Magia" acontecer e o mosto se transformar em cerveja.

A FERMENTAÇÃO

É o processo onde a densidade original diminui com o tempo e tende à densidade final prescrita, resultando em álcool e CO_2. Esse processo deve ser controlado e pode durar entre 3 dias a 7 dias (pode variar um pouco mais), dependendo da quantidade e tipo de levedura, temperatura de fermentação entre outros.

A MATURAÇÃO

Maturar significa ação de amadurecer, portanto podemos concluir que, de forma genérica, a maturação na produção de cervejas começa logo após a sua fermentação e se estende até próximo ao seu consumo. Já tecnicamente é um processo continuo ao da fermentação, que consiste na variação da temperatura de forma conveniente, iniciando com alguns graus acima da temperatura de fermentação e depois praticando temperatura próximas a de zero com a finalidade de "arredondar", aparar as "arestas" da cerveja, melhorando o odor e o sabor, buscando a remoção ou redução dos acetaldeídos, ácido sulfídrico e diacetil, bem como aumento da concentração de *ésteres e compostos fenólicos* se for desejável. Sua duração pode ser de dias, semanas e até meses, dependendo do estilo da cerveja que está sendo produzida, mas o comum é uma maturação por volta de 20 a 30 dias.

A FILTRAGEM

Normalmente é feita através de um filtro de terra de diatomáceas e tem como objetivo deixar a cerveja cristalina e leve no sabor e aroma. Para alguns estilos esse item é fundamental, para outros estilos não é.

De qualquer forma, esse procedimento apresenta alguma dificuldade para o cervejeiro caseiro executar, tendo em vista a sua limitação de equipamentos. No caso das microcervejarias, ele pode ser executado facilmente, mas depende da filosofia de trabalho do mestre cervejeiro e suas intenções. Já nas macrocervejarias, tal processo é fundamental e indispensável, tendo em vista os anseios do mercado *mainstream* de cervejas.

O ENVASE

Se resume no acondicionamento da cerveja em garrafas, barris ou latas para consumo. *CHEERS!*

A descrição do processo de fabricação de cervejas aqui realizada foi feita de forma sucinta, por isso recomendo leituras complementares tendo em vista a profundidade deste assunto.

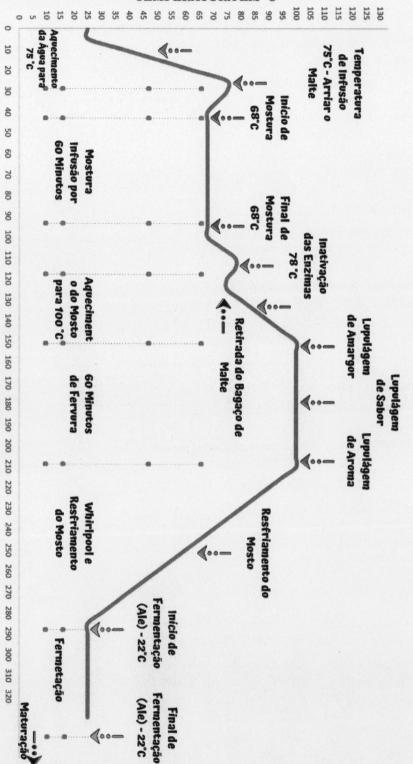

PROJETANDO UMA RECEITA DE CERVEJA

Uma pergunta frequente entre amantes da arte de se fazer cerveja artesanal é: qual a necessidade de traçar uma estratégia para a formulação da minha receita cervejeira? E como devo fazê-lo?

A necessidade de se ter estratégias se dá ao fato que elaborar uma receita cervejeira nada mais é do que tentar materializar suas expectativas sensoriais em um produto final: a Cerveja", e isso não é uma tarefa fácil de se fazer caso não tenha regras e parâmetros bem definidos.

Primeiramente conheça o estilo de cerveja que você deseja brassar, deguste algumas cervejas do estilo, leia os rótulos dos fabricantes e tente descobrir alguma informação relevante, por exemplo, sobre os ingredientes utilizados, o amargor, cor etc. Consulte os guias de estilos verificando a qual escola cervejeira ela pertence, identifique o perfil mineralógico da água histórica, verifique os parâmetros e as características da cerveja em questão, tais como, aparência, sabor, aroma, amargor, equilíbrio e sensação na boca. Em seguida "traduza" todas essas informações em densidade original (OG), densidade final (FG), Cor (°SRM/ EBC), Teor de Álcool (ABV) e Amargor (IBU) e seja criativo.

Por falar nestes parâmetros é necessário defini-los, pois, esses termos são recorrentes ao longo da leitura.

Densidade Original (OG): o significado do termo em inglês é "gravidade original", que se refere a densidade específica (em relação a água) do mosto no início da fermentação, ou seja, a concentração de açúcares oriundos dos maltes e adjuntos antes da fermentação. É um indicador para a determinação da quantidade de maltes e adjuntos a serem usados na nossa receita, influência o corpo final e o teor de álcool.

Densidade Final (FG): o significado do termo em inglês é "gravidade final", que se refere a densidade específica (em relação a água) do mosto no final da fermentação, ou seja, a concentração de açúcares residuais oriundos dos maltes e adjuntos depois da fermentação. É um indicador para a escolha da levedura tendo em vista sua atenuação aparente necessária e é determinante no que tange o corpo final da cerveja e teor de álcool.

Teor de Álcool (ABV): é um parâmetro resultante de todos os outros anteriores, e define também o estilo.

Cor: parâmetro fundamental para a cerveja quando se busca a produção de cervejas padronizadas, pálidas, avermelhadas, escuras entre outras. Tais cores são correlacionadas à uma escala, que pode ser a SRM ou EBC, que explicaremos mais à frente. É um indicador para a escolha dos tipos de maltes bases e maltes especiais (Cor do Malte) que devemos usar em nossa receita.

Amargor: também é um parâmetro fundamental e defini o quão amarga deve ser sua cerveja, ele possui uma escala própria de medida do International Bittering Units (IBU). É um indicador que serve para a determinação das quantidades de lúpulos a serem usados, bem como os tempos da sua utilização na fervura.

SOBRE O PROCEDIMENTO

Depois de escolhido o estilo e estudado um pouco sobre a cerveja a ser produzida é necessário definir inicialmente o volume que se pretende brassar, estimar os volumes de água envolvido no processo, bem como o perfil mineralógico pretendido. Em seguida determinar os tipos maltes e adjuntos a serem utilizados e seus pesos, verificar se há a necessidade de algum ingrediente especial, tais como especiarias, frutas, etc., definir o tipo de mostura bem como as rampas e patamares de temperatura observando as questões enzimáticas, definir estratégia de lupulagem, se atendo às lupulagem de amargor, lupulagem de sabor, lupulagem de aroma e *dry-hopping*, definir uma estratégia de fermentação/maturação e pôr fim o envase.

MALTES E ADJUNTOS

A partir da densidade original definida pelo cervejeiro, da eficiência do equipamento e ingredientes prescritos, podemos determinar os pesos de maltes e adjuntos necessário para a sua produção, lembre-se quando escolher o tipo de maltes e adjuntos consultar suas cores e as porcentagem máxima de uso desses ingredientes, pois existem tabelas de fornecedores com essas preciosas informações, e ainda pode-se encontrar também informações sensoriais de cada tipo de maltes, o que é muito importante dependendo das notas de aromas e sabores que se pretende dar a cerveja.

Deguste cervejas produzidas com apenas um ou dois tipos de maltes, mastigue maltes *in natura*, leia sobre as combinações tradicionais de maltes e adjuntos relativa ao estilo que se pretende brassar, e na falta de tudo isso consulte uma receita comprovadamente de sucesso e se inspire.

LÚPULO

A partir do amargo prescrito pelo cervejeiro em sua receita e tempo de fervura pode-se determinar os pesos dos lúpulos envolvidos na brassagem. Apesar de não ser uma regra, existem lúpulos mais rústicos, com ácido alfa mais elevado destinados ao amargor, e por isso normalmente são usados no início de fervura, e existem também lúpulos mais nobres destinados ao sabor e ao aroma e, portanto, são usados normalmente no meio, no fim da fervura e no *dry hop*, entender essa diferença e o que sua cerveja necessita. Descubra de qual escola cervejeira o estilo fabricado é oriundo, isso é relevante pois, existem lúpulos tradicionalmente inglês, alemão, americano e etc., ou seja, aplicar o lúpulo "certo" para o estilo de cerveja escolhido. Claro, pode-se inovar também e aplicar lúpulos de uma escola cervejeira em outra escola, siga seus instintos. Sendo tradicional ou inovador na sua lupulagem sempre verifique os perfis sensoriais dos lúpulos, existem diversas tabelas e gráficos "aranhas" com essas informações, procure cervejas *single-hop* para degustar, porque isso pode te ajudar na tomada de decisão assim como no malte. Na falta de tudo isso consulte uma receita comprovadamente de sucesso e se inspire.

LEVEDURA

Até aqui explicamos questões relativas a estratégias de escolha dos Maltes, Adjuntos e Lúpulos, sendo necessário agora o entendimento sobre as questões relativas à levedura. Se existe algo que pode distanciar a receita formulada, ou seja, cerveja esperada, do resultado, isto é, a cerveja realizada, é a escolha errada da levedura, pois realmente a levedura pode pôr tudo a perder. Portanto, cuidado!

Começamos com uma questão básica: leveduras de alta fermentação (Ale) ou leveduras de baixa fermentação (Lager). Qual devo usar na minha receita? A resposta se encontra no próprio estilo pré-definido, atente-se. Outras questões tais como, a levedura produz compostos fenólico e/ou ésteres? Esses compostos fenólicos e/ou ésteres são fundamentais para minha cerveja? A atenuação aparente prescrita nos catálogos atende minha necessidade? Qual é a tolerância ao álcool da levedura em questão? É adequada? Enfim, diversas questões que serão abordadas à frente, mas por hora, destacamos que os fabricantes de leveduras apresentam catálogos com todas essas informações e características fundamentais da levedura a ser utilizada em nossa receita cervejeira. Também há de se destacar que o próprio nome da levedura, normalmente já dá um indicativo para quais estilos ela serve, pois, os catálogos também apresentam um quadro de "Estilos" *versus* "Cepas de Levedura", que deve ser usada incondicionalmente.

Uma vez escolhida a levedura precisamos determinar qual a taxa de inoculação, a quantidade de levedura necessária para fermentar aquele volume de mosto com aquela determinada densidade original (OG), determinar a densidade final (FG) a partir da atenuação aparente, planejar um esquema de fermentação/maturação, "Tempos" *versus* "Temperaturas", pois como sabemos cada cepa de levedura apresenta valores característicos de temperatura de fermentação, além de prever paradas de diacetil entre outros.

Essa foi uma visão geral do procedimento que devemos tomar quando a montagem de uma receita cervejeira, agora temos que nos debruçar sobre os cálculos, pois cada item aqui inumerado apresenta uma matemática específica que devemos saber. Aliás esse é o foco do livro, apresentar a vocês todos os cálculos relativos à produção e elaboração de receitas cervejeiras. Fazer cálculo manualmente pode ser uma tarefa dura, mas é extremamente interessante para conhecê-los intimamente. Uma forma facilitadora é a utilização de aplicativos ou *softwares* cervejeiros.

Uma vez finalizada a receita, execute a brassagem verificando todos os parâmetros envolvidos e se houver discrepâncias entre os valores observados na prática (medidos) e os valores calculados, por exemplo, densidade original, eficiência da brassagem, atenuação aparente, densidade final, reveja seus cálculos e estratégias e faça as correções necessárias. Depois de pronta a cerveja, deguste-a observando cuidadosamente como ficou sua aparência, sabor, aroma, amargor, equilíbrio, sensação na boca e da ocorrência ou não de *off-flavor*, poderá ser necessário a aplicação de medidas corretivas e melhorias, avalie criteriosamente essa ação corretora e comece o processo novamente, assim você "refinará" sua receita, em busca de cervejas campeãs!

MALTES
["A ALMA"]

Como já foi mencionado anteriormente, qualquer cereal pode ser utilizado na produção de cervejas, no entanto o cereal mais comum para essa finalidade é a cevada. Isto ocorre não sem razão, pois ela possui atributos que não são encontrados em outros cereais, tais como, a ótima relação entre o nível de proteína e amido, possuir um sistema único de enzimas benéficas para a elaboração da cerveja, uma casca que protege o grão e serve como elemento filtrante na brassagem, além de uma combinação de aromas e sabores que só a cevada é capaz de produzir.

Quando a cevada passa pelo processo de malteação ela é denominada malte. Esse malte é a matéria-prima primordial na produção de cervejas excepcionais, no que tange fonte de açúcares e nutrientes para posterior fermentação. Diversos cereais podem passar pelo processo de malteação, como por exemplo, o trigo ou o centeio, mas o malte base para a produção de cerveja é o de cevada.

Malteação é a denominação dada à germinação artificial do grão, de forma controlada e pré-definida, sendo interrompida de maneira proposital e associada ainda aos processos de secagem e torrefação (se necessário for), com o objetivo principal de obter as enzimas fundamentais para a produção de cervejas e converter também as longas cadeias de amidos insolúveis do endosperma e amidos solúveis.

O malte contém enzimas, amido e compostos organolépticos que reagem com o processo de fabrico da cerveja e com as leveduras, resultando em um perfil organoléptico final único, que interfere também na cor final da cerveja e apresenta as proteínas necessárias, onde uma parte será utilizada pelas enzimas para ajudar no crescimento das leveduras e a outra parte permanece na cerveja para compor sua aparência final.

É importantíssimo destacar que o malte possui carga enzimática suficiente para atender sua própria necessidade e ainda possui um excedente que pode atuar em cereais não maltados, entre outros, que porventura possa compor sua receita e não possua carga enzimática própria.

Das enzimas potencializadas e geradas no processo de malteação destacamos as beta-glucanases, proteases, alfa-amilases e beta-amilases, que respectivamente atuam na parede celular, na proteína que protege e envolve o amido no grão, e as duas últimas atuam diretamente sobre o amido produzindo açúcares fermentáveis e não fermentáveis. Por sua vez esses açúcares irão compor a densidade original da cerveja, item importantíssimo para garantirmos que nossa receita se enquadre a um estilo pré-concebido.

Contudo, antes de entrarmos na quantificação desses ingredientes, maltes e adjuntos, é necessário definirmos alguns termos relativos à produção de cerveja tais como o Extrato Potencial e a Eficiência.

Extrato Potencial é basicamente um termo relativo aos maltes, podendo ser estendido aos adjuntos também, que define, a porcentagem de peso de malte que é convertido efetivamente em extrato real, nas malterias é comum a determinação desse extrato potencial, utilizando uma moagem fina de grãos secos (EMF) e também utilizando uma moagem grossa de grãos secos (EMG).

O extrato adquirido com a moagem fina de grãos secos (EMF) é um valor que representa a quantidade máxima de rendimento que pode ser extraído do grão, em condições laboratoriais, portanto distante das condições reais das nossas cervejarias, tal valor é expresso em porcentagem de peso do grão.

Já o extrato adquirido com a moagem grossa de grãos secos (EMG) aproxima-se mais do esmagamento, ou moagem, típica das brassagens realizadas nas cervejarias, portanto, é o melhor indicativo quanto a determinação do extrato potencial para um determinado malte, e é esse valor nos servirá de referência.

Esses parâmetros, extrato com moagem fina de grãos secos (EMF) e extrato com moagem grossa de grãos secos (EMG) vem discriminados nos laudos, quando da compra dos maltes, frequentemente o parâmetro extrato com moagem grossa de grãos secos (EMG) pode ser substituído pela relação denominada "Diferença de extrato", também indicada em porcentagem (DDE). Logo:

$$DDE = \frac{EMF - EMG}{EMF} \quad [1]$$

Neste caso, o extrato com moagem grossa de grãos secos (EMG), pode ser determinado pela relação:

$$EMG = EMF - \left(\frac{DDE}{100}\right) \cdot (EMF) \text{ em } \% \quad [2]$$

No entanto, para se chegar efetivamente ao extrato potencial E_{fi} de um determinado malte, devemos contabilizar ainda a influência da sua umidade, valor este que também é indicada nos laudos.

$$E_{fi} = EMG - \left(\frac{Umidade}{100}\right) . (EMG) \text{ em } \% \quad [3]$$

Para cada malte disponível no mercado, existem valores de referência desses extratos potenciais, apresentaremos mais à frente uma tabela orientativa quando da falta dos laudos. É importante esclarecer que é a partir desse extrato potencial E_{fi} que podemos determinar a densidade específica (SG) de cada ingrediente.

No entanto, para a apresentação da equação que correlaciona o extrato potencial e a densidade específica, é necessário antes informar que o valor do extrato potencial da sacarose, ingrediente referência, que é 1,04621 ou simplesmente 46,21ppg (pontos por libra por galão).

A densidade especifica SG portanto é dada pela equação a seguir:

$$SG = 0,0462 . E_{Fi} + 1 \quad [4]$$

Notem que nessa conversão de peso de ingrediente em extrato final, a sacarose obrigatoriamente converte todo o seu peso, por se tratar de um açúcar, logo seu extrato potencial é de 100%, quando aplicada na equação anterior temos:

$$SG = 0,0462 . 100 + 1 = 1,0462$$

Valor este que pode ser medido com um densímetro.

Fica claro que para aplicação em nossos cálculos, das famosas tabelas de densidade específicas de ingredientes cervejeiros disponíveis nas literaturas, obrigatoriamente devemos praticar "volume" em "galão" e "peso" em "libra". Mas se eu estou me acostumando a trabalhar em meus cálculos com "volume" em "litros" e "peso" em "quilogramas". Então como se deve fazer? O modo mais prático é a determinação desses extratos potenciais em ponto por quilogramas por litros que pode ser feito pela equação a seguir:

$$SG = 0,385 . E_{Fi} + 1 \quad [5]$$

Essa segunda equação fornecerá valores, que a princípio pode não ser comum na literatura, mas são práticos quando da aplicação em nossos cálculos cervejeiros. Notem que tais valores não serão observados no densímetro (instrumento), pois ele habitualmente apresenta sua escala ligada ao extrato em pontos por libra por galão.

Por definição, Eficiência representa uma medida ligada à conversão de "algo" em "alguma coisa" com o mínimo de desperdício. No caso do cervejeiro se trata da conversão desse extrato potencial, definido anteriormente, em extrato final, ou densidade original. Numa condição hipotética quando da conversão total do extrato potencial dos grãos em extrato final ou densidade original, concluímos que a eficiência da brassagem E_{fB} (Eficiência da Sala de Brassagem / Brewhouse Efficiency) é 100%.

Pela definição anterior de eficiência, intuímos que esse termo pode ser expandido para as diversas fases da produção cervejeira, tais como a mostura, a filtragem (Lauter) e a fervura, o que, nos leva aos seguintes termos, eficiência de mostura (pós-mostura), eficiência de filtragem (pós filtragem), eficiência de fervura (pós fervura) e sobrepondo todas essas eficiências chegaríamos na Eficiência da Sala de Brassagem. A eficiência de mostura muitas vezes ganha relevância, pois essa é a eficiência de conversão efetiva, transformando o amido contido nos grãos de maltes e adjuntos em açúcares. A eficiência de mostura depende basicamente, das temperaturas e pH da mostura, moagem dos grãos e espessura da brassagem. As outras eficiências definidas para as outras fases da produção cervejeira têm suas perdas ligadas basicamente à lavagem e absorção de água pelos grãos, absorção dos lúpulos e a formação de trub, entre outros. Fica explicito que a eficiência de mostura é apenas uma parcela da eficiência de brassagem (Eficiência da Sala de Brassagem) logo, nunca a eficiência de brassagem poderá ser maior que a eficiência de mostura, nem mesmo igual.

Podemos determinar essa eficiência utilizando a seguinte fórmula:

$$E = \frac{12 \cdot SG_{Medido} \cdot Vol_{Medido}}{\sum Peso_{Malte} \cdot SG_{Malte}} \quad [6]$$

Onde o volume Vol_{Medido} é medido em litros, $Peso_{Malte}$ é medido em quilogramas, SG_{Malte} é dado pela fórmula a seguir $SG = 0,0462 \cdot E_{fi} + 1$ e SG_{Medido} vem do densímetro.

Notem que essa eficiência pode ser calculada a qualquer tempo durante a brassagem, uma vez que a densidade específica SG e o volume de mosto podem ser medidos a qualquer tempo. Veja o exemplo, se determinarmos essa densidade específica SG e esse volume após a fase da mostura, essa eficiência calculada pela equação sugerida será denominada Eficiência de Mostura, e isso acontecerá com as outras fases também, determinando assim as eficiências pós-filtragem, eficiência pós-fervura e pôr fim a eficiência da brassagem, logicamente a cada cálculo progressivo dessas eficiências, seu valor só poderá diminuir.

Uma vez esclarecido sobre os termos, extrato potencial e eficiência, poderemos avançar nos cálculos relativos à determinação dos pesos de maltes e de adjuntos.

Se por ventura você desejar utilizar em sua receita açúcares ou outros adjuntos, por uma necessidade do estilo ou outro motivo qualquer, o primeiro passo é determinar a contribuição deles à densidade original e posteriormente determinar o peso total de malte que complementa a densidade original na referida receita.

A contribuição destes adjuntos na densidade original é dada por:

$$SG = 1 + \sum k_1 \left(\frac{M_{adjunto}}{V_{mosto}} \right) \quad [7]$$

Onde k_1 é fornecido pela tabela a seguir.

Adjuntos	k_1	Cor (SEM)
Açúcar	0,384	0
Açúcar demerara	0,384	2
Açúcar invertido	0,384	0
Açúcar mascavo	0,384	40
Arroz em flocos	$0,267 . E_{fB}$	1
Aveia em flocos	$0,275 . E_{fB}$	1
Candi sugar âmbar	0,300	75
Candi sugar claro	0,300	0,5
Candi sugar escuro	0,300	275
Grits de milho	$0,310 . E_{fB}$	1
Lactose	0,781	0

Adjuntos	k_1	Cor (SEM)
Mel	0,292	1
Trigo em flocos	$0,310 . E_{fB}$	2
Extrato de malte seco	0,367	13

E_{fB} = Eficiência da brassagem

Portanto, imagine uma receita de cerveja que além dos maltes envolvidos levará açúcar, aveia em flocos e mel. Logo a equação que representa a contribuição destes adjuntos à densidade original é:

$$SG = 1 + 0,0384 . \left(\frac{M_{açúcar}}{V_{mosto}} \right) + 0,0275 . EfB . \left(\frac{M_{aveia}}{V_{mosto}} \right) + 0,292 . \left(\frac{M_{mel}}{V_{mosto}} \right) \quad [8]$$

Onde $M_{açúcar}$, M_{aveia}, M_{mel} e V_{mosto}, são respectivamente as massas em quilogramas, de açúcar, aveia, mel e volume final de mosto em litros.

No caso da utilização de outros adjuntos não relacionados na tabela anterior, é necessário determinar preliminarmente seu extrato potencial, e em seguida aplicar os conceitos em tela.

É importante notar que esse extrato potencial, como já foi explicado, pode ser expresso na forma de porcentagem, na forma de densidade específica, ou pode ser expresso também na forma de Graus Plato, onde 1° Plato é igual a um grama de açúcar por cem gramas de solução, a seguir apresentamos um tabela que relaciona tais grandeza. Nas cervejarias a medição desse extrato em graus Plato pode ser realizado através do refratômetro.

Tabela 1 – Correlação entre a densidade medida no densímetro (20°C) e Graus °Plato

°Plato	Densidade	°Plato	Densidade	°Plato	Densidade
0,00	1,000	10,23	1,041	19,78	1,082
0,26	1,001	10,47	1,042	20,00	1,083
0,52	1,002	10,72	1,043	20,22	1,084
0,77	1,003	10,96	1,044	20,45	1,085
1,03	1,004	11,20	1,045	20,67	1,086
1,28	1,005	11,43	1,046	20,89	1,087
1,54	1,006	11,67	1,047	21,12	1,088
1,80	1,007	11,91	1,048	21,34	1,089

°Plato	Densidade	°Plato	Densidade	°Plato	Densidade
2,05	1,008	12,15	1,049	21,56	1,090
2,31	1,009	12,39	1,050	21,78	1,091
2,56	1,010	12,62	1,051	22,00	1,092
2,81	1,011	12,86	1,052	22,22	1,093
3,07	1,012	13,10	1,053	22,44	1,094
3,32	1,013	13,33	1,054	22,66	1,095
3,57	1,014	13,57	1,055	22,88	1,096
3,82	1,015	13,81	1,056	23,10	1,097
4,08	1,016	14,04	1,057	23,31	1,098
4,33	1,017	14,27	1,058	23,53	1,099
4,58	1,018	14,51	1,059	23,75	1,100
4,83	1,019	14,74	1,060	23,97	1,101
5,08	1,020	14,98	1,061	24,18	1,102
5,33	1,021	15,21	1,062	24,40	1,103
5,58	1,022	15,44	1,063	24,61	1,104
5,83	1,023	15,67	1,064	24,83	1,105
6,07	1,024	15,90	1,065	25,04	1,106
6,32	1,025	16,13	1,066	25,26	1,107
6,57	1,026	16,37	1,067	25,47	1,108
6,82	1,027	16,60	1,068	25,68	1,109
7,06	1,028	16,83	1,069	25,90	1,110
7,31	1,029	17,06	1,070	26,11	1,111
7,56	1,030	17,28	1,071	26,32	1,112
7,80	1,031	17,51	1,072	26,53	1,113
8,05	1,032	17,74	1,073	26,75	1,114
8,29	1,033	17,97	1,074	26,96	1,115
8,54	1,034	18,20	1,075	27,17	1,116
8,78	1,035	18,42	1,076	27,38	1,117
9,02	1,036	18,65	1,077	27,59	1,118
9,27	1,037	18,88	1,078	27,80	1,119
9,51	1,038	19,10	1,079	28,01	1,120
9,75	1,039	19,33	1,080	28,21	1,121
9,99	1,040	19,55	1,081	28,42	1,122

De maneira *aproximada* a equação que correlaciona à densidade específica medida em um densímetro (20°C) e a escala °Plato medido em um refratômetro é dada por:

$$P = (SG - 1,000) . 250 \quad \textbf{[9]}$$

Uma vez determinado a contribuição dos adjuntos junto à densidade original, passaremos ao cálculo da quantidade total de malte em quilogramas. Nesta fase, é necessário definir, com critério e alguma experiência, os maltes a serem utilizados na receita, bem como suas porcentagens, no que tange o estilo pré-definido, além da finalidade de cada malte, seus atributos específicos, características essenciais e cor, sempre visualizando o resultado final esperado e respeitando as porcentagens máximas indicada nos catálogos dos fabricantes. Uma vez definidos os maltes e suas porcentagens, e tendo em mãos a densidade original requerida, a densidade contribuinte dos adjuntos e o volume total de cerveja a ser produzido, calcula-se o peso total de Malte, pela equação.

$$P_T = \frac{2,59 . v(l) . [OG - SG]}{(\Sigma_1^i PP_i (\%) . E_{fi}) . E_{fB}} \quad \textbf{[3a]}$$

Onde: PP_i (%) – é a porcentagem de cada Malte e E_{fi}, E_{fB} – respectivamente as extrato potencial de cada malte e eficiência da brassagem.

Existe na literatura consagrada uma tabela de extrato em kg/hl que serve como base de cálculo para o peso total de malte de uma brassagem, ela determina quanto de extrato se requer por hl (hectolitros), para se obter uma concentração desejada em °Plato ou em Densidade Específica SG.

Resolvi comparar essa tabela com a equação 3a e verificar o erro em %.

SG	Plato	kg/hl	kg/hl	%
1,032	8	8,27	8,30	0,33
1,036	9	9,34	9,33	0,06
1,040	10	10,42	10,37	0,46
1,044	11	11,50	11,41	0,80
1,048	12	12,59	12,45	1,15

SG	Plato	kg/hl	kg/hl	%
1,053	13	13,69	13,74	0,38
1,057	14	14,80	14,78	0,13
1,061	15	15,92	15,82	0,65
1,065	16	17,04	16,85	1,10
1,070	17	18,17	18,15	0,10
1,074	18	19,31	19,19	0,63
1,079	19	20,46	20,48	0,12
1,083	20	21,61	21,52	0,41
1,087	21	22,77	22,56	0,93
1,092	22	23,94	23,86	0,35
1,096	23	25,12	24,89	0,91
1,101	24	26,30	26,19	0,42
1,106	25	27,50	27,49	0,05
1,110	26	28,70	28,52	0,62
1,115	27	29,91	29,82	0,30
1,120	28	31,12	31,12	0,01
1,124	29	32,35	32,15	0,61
1,129	30	33,58	33,45	0,39

Na forma gráfica:

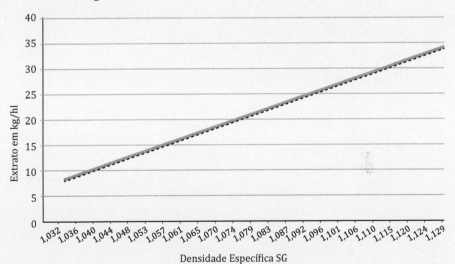

Observe que a equação 3.a apresenta resultados satisfatórios e o erro máximo não supera o 0,80%. Dessa forma, conclui-se que a equação proposta é confiável.

A equação (3a) pode ser simplificada resultando na equação (10):

$$P_{TM} = \frac{3,45 \cdot Volume\ de\ Cerveja\ (Litros) \cdot [OG-SG]}{E_{fB}} \qquad \text{[10]}$$

Na equação 3a, existem particularmente duas "eficiências", uma ligada aos extratos potenciais dos maltes e adjuntos utilizados na produção da sua cerveja e a outra eficiência ligada à brassagem ou "equipamento", já na equação 3b foi considerado o extratos potenciais médio dos maltes por volta de 75%, resultando em uma simplificação inicial aceitável no equacionamento, ficando em aberto o valor da eficiência do equipamento/brassagem, para aqueles cervejeiros que conhecem este dado relativo ao seu equipamento conseguirem aplicar a equação com maior realidade.

No entanto, sabe-se que a eficiência média do equipamento/brassagem é por volta de 70% (no caso dos cervejeiros caseiros), se executarmos uma segunda simplificação temos a equação 3c:

$$P_{TM} = 5,0 . Volume\ de\ Cerveja\ (L) . [OG - SG] \qquad \text{[11]}$$

Essa equação é *aproximada*, pois esse é o nosso propósito, mostraremos à frente, que esse resultado "aproximado" pode ser "refinado" eficientemente a partir de uma "regra de três simples" chegando ao valor exato de peso para aquele determinado volume de cerveja e sua densidade original.

Depois de determinado peso total de malte que complementa a densidade original OG, podemos determinar o peso de cada malte de forma simples, multiplicando o peso total pelas respectivas porcentagens de uso, aquelas definidas pelo cervejeiro inicialmente. Vale lembrar que deve se respeitar as porcentagens máximas indicadas nos catálogos dos fabricantes de maltes.

A COR DA CERVEJA

Por fim, ainda é necessário a determinação da cor final da cerveja, uma vez que a receita já apresenta os valores dos pesos de maltes e adjuntos envolvidos na brassagem.

A cor da cerveja está ligada, obviamente, a sua aparência e é, sem sombra de dúvida, um fator muito importante no que se refere a cervejas padronizadas, tendo como base o estilo que a pertence. O contato visual é o primeiro a ser realizado numa degustação e cervejas belas, cristalinas ou turvas com tons e sobretons são com certeza fatores motivadores de um consumo crescente de cervejas artesanais, dado sua diversidade de aparências. Existem basicamente três escalas tradicionais que mensuram a cor de uma cerveja, quais sejam: Lovibond (°L), SRM e EBC.

Jonh J. Palmes discorre em seu livro *Water A Comprehensive Guide for Brews*, que a primeira escala foi desenvolvida por J.W. Lovibond em 1883. Onde ele se utilizava de lâminas de vidro e filmes para criar uma paleta de cores referências, no entanto esse método apresentava alguns desvios devido a desbotamentos e erros de leituras. Mais tarde, em 1950, a American Society of Brewing Chemists introduziu o espectrômetro óptico para a mensuração da cor de cervejas, daí nasce a escala SRM, que significa Standard Reference Method e tem como objetivo se aproximar da escala Lovibond, sendo consideradas quase idênticas.

Mas é pertinente saber que a escala SRM apresentava dificuldades na determinação de cores em mostos escuros ou pretos.

Em 1990, o Congresso Brewing Europeu propôs uma nova escala a EBC, sigla para European Brewery Convention, escala usualmente adotada na Europa. A partir dessas escalas apresentamos as equações que as relacionam:

$$Cor (EBC) = 1,97 . Cor (SRM) \quad [12]$$

$$Cor (SRM) = 0,508 . Cor (EBC) \quad [13]$$

$$Cor\ Potencial \left(\frac{°L}{\frac{kg}{litro}} \right) = 8,346 . Cor (SRM) =$$

$$= 8,346 . 0,508 . Cor (EBC)$$

$$= 4,24 . Cor (EBC) \quad [14]$$

Obs.: a constante 8,346 refere-se à transformação de unidades, de libras por galão para quilograma por litros.

Para se determinar a cor final de uma cerveja é necessário antes conhecer a cor de cada malte e o adjunto que você está usando na sua receita, onde esses valores podem ser expressos em EBC ou em SRM, dependendo do seu fornecedor de malte, mas de qualquer forma esses valores são imprescindíveis para a realização do cálculo.

A partir das cores catalogadas, podemos determinar a chamada cor potência de cada malte e adjunto pela equação (14) e a partir deste resultado determinamos a cor inicial da cerveja pela:

$$Cor\ Inicial = \frac{\sum Peso\ de\ Malte \cdot Cor\ Potencial}{Volume\ Final\ de\ Cerveja\ (l)} \quad \textbf{[15]}$$

Esse valor de cor inicial deve ser corrigido, pois a equação (15) pode apresentar uma grande variação no seu resultado, chegando superar os 1500 SRM o que seria irreal do ponto de vista do olho humano. Pois, a partir de 40 SRM a cor que se apresenta é o preto opaco, logo não faz sentido valores tão elevados, justificando assim a necessidade da correção desta cor inicial. Essa correção pode ser feita por meio de vários métodos, abordaremos aqui os métodos de Mosher, Daniels, Morey e Logarítmica, a seguir apresentaremos três gráficos, com os métodos supracitados. O primeiro mostra os quatro métodos de correção.

Para valores de cor inicial variando de 0 SRM até 70 SRM em sua escala, fica evidente que os resultados apresentados são semelhantes e válidos principalmente para o intervalo de cores variando entre 5 SRM a 50 SRM. Inferiores a 5 SRM, as formulações de Morey e Logarítmica fazem mais sentido e devem ser adotadas. A partir dos 70 SRM os métodos de correção começam a divergir, como mostrado no segundo gráfico, nesse caso para valores de cor inicial superiores a 50 SRM utilizaremos a formulação logarítmica para a determinação da cor final da cerveja. Qualquer um dos três gráficos apresentados pode ser utilizado para correção logarítmica, faça uso deles conforme a precisão de leitura requerida.

Observando a equação (15), verifica-se que se trata, apenas, tão somente de uma razão entre um somatório, de pesos por cores potenciais, pelo volume total de cerveja, e é claro se alguns dos seus adjuntos porventura contribuírem com cor, basta você adicioná-lo no somatório.

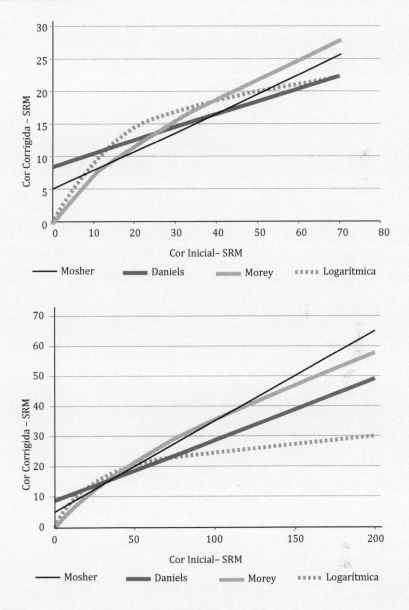

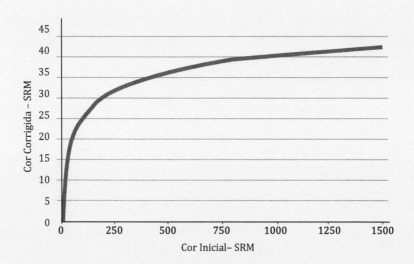

Tabela básica de maltes

Malte	Extrato Potencial E_{fi}	Cor* (EBC)	Características	% de Uso*
Pilsen	78%	4	Mais claro dos Maltes, leve na cor, aroma e sabor.	Até 100% da mistura
Pale Ale	75%	7	Mais intenso na cor, aroma e sabor que o Malte Pilsen e sem o DMS típico deles.	Até 100% da mistura
Maris Otter Pale Ale	78%	6	Malte Prêmio, acentua aroma e sabor a cerveja.	Até 100% da mistura
Viena	75%	7	Acentua o sabor do grão de malte, adiciona aroma sutil de mel, toffel e caramelo. Adiciona cor dourada à cerveja	Até 100% da mistura
Munich II	72%	20	Sabor pronunciado dos grãos notas de caramelo e panificação, reforçando o caráter típico da cerveja.	Até 60% da mistura
Melanoidina	77%	40	Torna a cerveja encorpada e uniforme, muito aromático com sabor de malte intenso, dá um caráter avermelhado à cerveja.	Até 20% da mistura
Caramelo 20	70%	40	Aroma fino, aromas e sabores de panificação, biscoito e nozes, cores com tonalidades ouro.	Até 20% da mistura

Malte	Extrato Potencial E_f	Cor* (EBC)	Características	% de Uso*
Caramelo 50	70%	50	Sabor doce, pronunciado caramelo, sabor singular de toffel, cores intensas com tonalidades avermelhadas.	Até 20% da mistura
Caramelo 120	70%	120	Para cervejas claras com coloração intensa ou cervejas escuras, notas de biscoito e sabor de caramelo intenso.	Até 20% da mistura
Caralemo 150	70%	150	Sabor e aroma refinados de grão de malte, cores intensas caramelo-cobre.	Até 20% da mistura
Especial B	63%	300	Intensifica o sabor de Malte, notas caramelo, panificação, uva passa e amêndoas, coloração marrom escuro.	Até 10% da istura
Chocolate	70%	900	Altamente tostado, impondo uma cor castanha escura, com sabores e aromas de nozes torrada, café e chocolate amargo existente mais menos pronunciados do que o Malte Black.	Até 7% da mistura
Black	54%	1500	Altamente tostado mais que o malte chocolate, impondo uma coloração de marrom a preto, com sabores e aromas de café e chocolate amargo pronunciados.	Até 6% da mistura
Trigo	80%	5	Ajuda a formar aquele sabor típico a de cervejas de trigo, aroma de trigo, panificação, nozes e caramelo, proporciona um sabor encorpado na boca, devido sua proteína. Malte de cor clara.	Até 100% da mistura
Acidificado	56%	4	Reduz o Ph do mosto, melhora a estabilidade do paladar e arredondamento da cerveja.	Até 5% da mistura
Abbey	70%	45	Coloração do âmbar ao vermelho escuro/marrom. Promove estabilidade no aroma de malte, notas de mel, panificação, nozes e frutas secas.	Até 50% da mistura
Aromatic	75%	50	Proporciona um rico e destacado aroma e sabor de malte a cerveja.	Até 20% da mistura
Biscuit	73%	50	Produz um "tostado" pronunciado na cerveja, traduzidos em aromas e sabores de panificação e biscoito.	Até 15% da mistura

* devem ser consultados nos catálogos dos fornecedores de maltes

A seguir apresentamos um guia de características sensoriais dos maltes

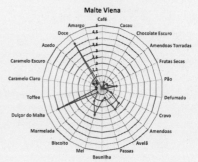

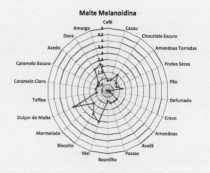

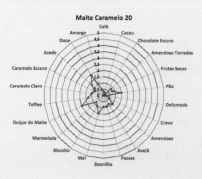

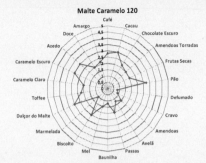

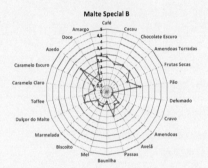
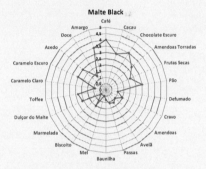
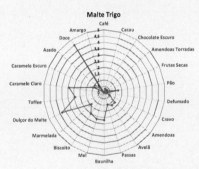

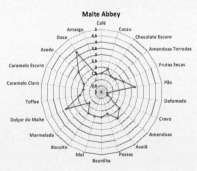
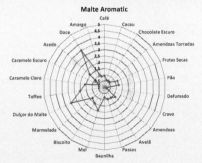

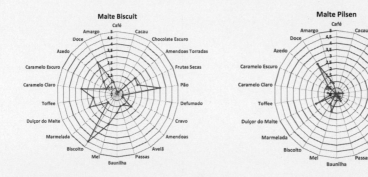

EXEMPLO 1 Quando da compra de um lote de Malte Pilsen, o fabricante enviou o laudo do referido lote com as seguintes informações:

- Extrato com moagem fina de grãos secos EMF = 82,17%
- Diferença de Extrato DDE = 1,5%
- Umidade = 4%

Determine o extrato potencial desse malte.

Extrato com moagem grossa de grãos secos (EMG)

$$EMG = EMF - \left(\frac{DDE}{100}\right) \cdot (EMF)$$

$$EMG = 82,17 - \left(\frac{1,5}{100}\right) \cdot (82,17)$$

EMG = 80,94%

Extrato potencial E_{fi}

$$E_{fi} = EMG - \left(\frac{Umidade}{100}\right) \cdot (EMG)$$

$$E_{fi} = 80,94 - \left(\frac{4}{100}\right) \cdot (80,94)$$

E_{fi} = 77,7%

EXEMPLO 2 Determinar a eficiência de uma sala de brassagem, dado a configuração de maltes apresentada na tabela a seguir para a produção de 20 litros de cerveja. No final do processo, o cervejeiro determinou com o densímetro, a densidade no final da brassagem no valor de OG = 1,068, ou seja, 68 ppg, e volume final medido em 19 litros cerveja, um litro a menos do que o esperado.

Maltes	Peso em kg	Extrato Potencial
Pilsen	3	80%
Trigo	2	82,2%
Cristal 30	1	73,6%

$$E = \frac{12 . SG_{Medido} . Vol_{Medido}}{\sum Peso_{Malte} . SG_{Malte}}$$

Onde o volume Vol_{Medido} é medido em litros, $Peso_{Malte}$ é medido em quilogramas, SG_{Malte} é dado pela fórmula a seguir $SG = 0,0462 . E_{fi} + 1$ e SG_{Medido} vem do densímetro.

1° passo: Determinar as densidades específicas SG de cada Malte

Malte Pilsen – $SG = 0,0462 . E_{fi} + 1$

$$SG = 0,0462 . \frac{80}{100} + 1$$

$$SG = 1,037 \text{ ou } 37 \text{ ppg}$$

Malte Trigo – $SG = 0,0462 . E_{fi} + 1$

$$SG = 0,0462 . \frac{82,2}{100} + 1$$

$$SG = 1,038 \text{ ou } 38 \text{ ppg}$$

Malte Cristal 30 – SG = 0,0462 . E_{fi} + 1

$$SG = 0,0462 . \frac{73,6}{100} + 1$$

$$SG = 1,034 \text{ ou } 34 \text{ ppg}$$

2° passo: Cálculo da eficiência da brassagem

$$E = \frac{12 . SG_{Medido} . Vol_{Medido}}{\sum Peso_{Malte} . SG_{Malte}}$$

$$E = \frac{12 . 68 . 19}{(37 . 3 + 38 . 2 + 34 . 1)}$$

$$E = 70,15\%$$

EXEMPLO 3 Determinar a participação dos adjuntos na densidade original, o peso total de malte, o peso de cada malte participante da receita de Imperial Stout.

Dados:

Volume final de cerveja: 20 Litros.

Densidade Original Requerida OG: 1,110.

Adjuntos Utilizados: 0,5kg de Açúcar e 0,5kg de Aveia em flocos e eficiência da brassagem E_{fB} =70% .

Maltes	Porcentagem (%)	Peso (kg)
Malte Pale Ale	82%	
Malte Black	2,4%	
Malte Chocolate	5,2%	
Malte Carafa I	5,2%	
Malte Trigo	5,2%	

1° passo: Contribuição dos adjuntos à densidade original

$$SG = 1 + 0,384 . \left(\frac{M_{açúcar}}{V_{mosto}} \right) + 0,275 . E_{fB} . \left(\frac{M_{aveia}}{V_{mosto}} \right)$$

$$SG = 1 + 0,384 . \left(\frac{0,5}{20} \right) + 0,275 . 0,70 . \left(\frac{0,5}{20} \right)$$

$SG = 1,015$

2° passo: Determinação do peso total de malte

$P_{TM} = 5,0$. Volume de Cerveja (L) . $[OG - SG]$

$P_{TM} = 5,0 . 20 . [1,110 - 1,015]$

$P_{TM} = 9,5$ kg de Malte

3° passo: Determinação do peso de cada malte

9,5 kg

9,5Kg

Maltes	Porcentagem (%)	Peso (kg)
Malte Pale Ale	82%	7,79kg
Malte Black	2,4%	0,23kg
Malte Chocolate	5,2%	0,5kg
Malte Carafa I	5,2%	0,5kg
Malte Trigo	5,2%	0,5kg

EXEMPLO 4 Determina a cor final da cerveja do exercício anterior

4,24Kg

Maltes	Porcentagem (%)	Peso (kg)	Cor de cada Malte em EBC	Cor potência de cada Malte em °L/kg/Litro
Malte Pale Ale	82	7,79	7	29,68
Malte Black	2,4	0,23	1500	6360
Malte Chocolate	5,2	0,5	900	3816
Malte Carafa I	5,2	0,5	1000	4240
Malte Trigo	5,2	0,5	5	21,20
Açúcar	-	0,5	0	0
Aveia em flocos	-	0,5	1,97	8,35

$$\text{Cor Inicial} = \frac{\sum \text{Peso de Malte . Cor Potencial}}{\text{Volume Final de Cerveja (l)}}$$

Cor inicial =

$$\frac{7,7 \cdot 29,68 + 0,23 \cdot 6360 + 0,5 \cdot 3816 + 0,5 \cdot 4240 + 0,5 \cdot 21,20 + 0,5 \cdot 0 + 0,5 \cdot 8,35}{20 \text{ Litros}}$$

$$\frac{5734,11}{20} = 286,7$$

Tendo em vista que a cor inicial é muito superior a 50 SRM sua correção será realizada apenas pelo método logarítmico, a cor inicial deve ser corrigida pelo gráfico da página 50. Assim a cor final da cerveja em SRM é:

Cor final = 31,5 SRM ou 62,0 EBC

EXEMPLO 5 Refaço o exemplo 3 utilizando a equação 3ª da página 56.

Dados:

Volume Final de cerveja: 20 Litros.

Densidade Original Requerida OG: 1,110.

Adjuntos utilizados: 0,5kg de Açúcar e 0,5kg de Aveia em flocos e eficiência da brassagem EfB = 70%.

Maltes	Extrato potencial de cada Malte	Porcentagem de uso (%)	Peso (kg)
Malte Pale Ale	77%	82%	
Malte Black	54%	2,4%	
Malte Chocolate	74%	5,2%	
Malte Carafa I	69%	5,2%	
Malte Trigo	84%	5,2%	

1° passo: Contribuição dos adjuntos à densidade original

$$SG = 1 + 0,384 \cdot \left(\frac{M_{açúcar}}{V_{mosto}} \right) + 0,275 \cdot E_{fB} \cdot \left(\frac{M_{aveia}}{V_{mosto}} \right)$$

$$SG = 1 + 0,384 \cdot \left(\frac{0,5}{20} \right) + 0,275 \cdot 0,70 \cdot \left(\frac{0,5}{20} \right)$$

$$SG = 1,015$$

$$P_T = \frac{2,59 \cdot v(l) \cdot [OG - SG]}{(\Sigma_1^i PP_i (\%) \cdot E_{fi}) \cdot E_{fB}}$$

$$P_T = \frac{2,59 \cdot 20 \cdot [1,110 - 1,015]}{(0,77 \cdot 0,82 + 0,54 \cdot 0,024 + 0,74 \cdot 0,052 + 0,69 \cdot 0,052 + 0,84 \cdot 0,052) \cdot 0,7}$$

$P_T = 9{,}22$ kg

Maltes	Extrato potencial de cada Malte	Porcentagem de uso (%)	Peso (kg)
Malte Pale Ale	77%	82%	7,56
Malte Black	54%	2,4%	0,22
Malte Chocolate	74%	5,2%	0,48
Malte Carafa I	69%	5,2%	0,48
Malte Trigo	84%	5,2%	0,48

9,22Kg

PROCESSO ENZIMÁTICO E AS TÉCNICAS DE MOSTURA

Podemos definir as enzimas como sendo as proteínas catalíticas existentes no malte, ou seja, uma aceleradora de reações de fundamental importância na malteação e na mostura. Existe uma enzima precisa para cada reação específica na produção de cerveja, o grupo de enzimas mais importantes são as hidrolases, em água elas são capazes de romper moléculas "grandes" de amido e proteína em fragmentos menores, isso é influenciado pela temperatura de mosturação e pH no que tange sua velocidade de reação enzimática. A perda destas propriedades biológicas recebe o nome de desnaturação enzimática e é quando as enzimas deixam de funcionar e as reações por elas catalisadas cessam por completo.

O motivo principal da importância das hidrolases está no fato das amilases (α – Amilase e β – Amilase) fazerem parte deste grupo, pois elas são as conversoras de amido em açúcares fermentáveis (Maltose) e não fermentáveis (Dextrinas), ainda fazem parte deste grupo as peptidases e proteases.

De forma geral, o malte apresenta o seguinte sistema enzimático: Fitase, Beta-Glucanase, Peptidase, Protease, Beta-Amilase e Alfa-Amilase. Que durante a mostura atua da seguinte forma:

Fitase: liberam os minerais, são as primeiras a atuarem na mostura, degradam a fitina transformando-a em fitato, tem temperatura de trabalho variando entre 30°C a 52°C e pH variando entre 5,0 a 5,5. Realiza a diminuir o pH, no entanto não é usual sua aplicação hoje em dia, tendo em vista a possibilidade de uso de maltes modificado e correções da água com sais.

Beta-Glucanase: degradam os beta-glucanos e são importantes para a qualidade do mosto, reduzindo a sua viscosidade. Com temperatura de trabalho variando entre 35°C a 50°C e pH de trabalho variando entre 4,6 a 5,0, sua temperatura ótima é de 45°C. Ela realiza o rompimento das paredes celulares e fazem parte do grupo de enzimas denominadas citolíticas e sua atividade maior é na fase de malteação e não na mostura, sua desnaturação ocorre com temperaturas entre 55°C e 60°C.

Peptidase e Protease: temperatura de trabalho variando entre 45°C a 60°C e pH variando entre 4,6 a 5,3. Realizam o rompimento das proteínas em componentes menores ajudando a diminuir da turbidez final e da estabilidade e sabor para a cerveja, também ajudam na formação de espuma. É produzido nesta fase também o alfa-amino-nitrogênio (FAN) que servirá como nutriente para as leveduras na fase de fermentação. A temperatura ótima de trabalho das peptidases é 45°C e das Proteases 52°C, e a temperatura de desnaturação são 60°C para as peptidases e 70°C para as proteases.

Beta-Amilase: temperatura de trabalho variando entre 58°C a 65°C e pH variando entre 5,4 a 5,5. Ela realiza a quebra do amido em Maltose (açúcares fermentáveis) através do rompimento dos extremos das suas moléculas, conferindo graduação alcoólica à cerveja. São conhecidas como enzimas de sacarificação, sua temperatura ótima é de 62°C e temperatura de desnaturalização entre 70°C e 72°C.

Alfa-Amilase: temperatura de trabalho variando entre 65°C a 74°C e pH variando entre 5,6 a 5,8. Ela realiza a quebra do amido em cadeias de vários tamanhos, formando Dextrinas (açúcares não fermentáveis) na sua maior parte, e uma pequena parte de açúcares fermentáveis, conferindo corpo à cerveja. Também são conhecidas como enzimas de sacarificação, tem como temperatura ótima de trabalho 70°C e sua desnaturalização acontece em temperaturas variando entre 78°C e 80°C.

Inativação enzimática: acima de 75°C as enzimas são inativadas, desnaturadas para estabilizar a conversão e diminuir a viscosidade do mosto e assim melhorar a lavagem dos grãos na fase de filtragem, tendo como limite 78°C, uma vez que em temperaturas superiores a essa, os taninos podem ser extraídos da casca do malte, conferindo adstringência.

Fica claro, após o entendimento do sistema enzimático, a necessidade de controlar a temperatura e o pH da mostura, além de ter uma definição clara do esquema de mostura a ser seguido, com rampas e patamares de temperaturas bem definidos, levando-se em conta a existência na sua receita de ingredientes mais ou menos ricos em proteína, tais como trigo e aveia, ou a busca de uma cerveja menos encorpada ("secas") ou uma cerveja mais encorpada ("doces") respeitando o estilo da cerveja, ou a busca de uma cerveja mais ou menos turva e com espuma consistente ou não, entre outros fatores que devem ser observados. Registro ainda que no caso da obtenção de cervejas com caráter fenólico é indicado uma parada proteica com temperatura variando entre 44°C e 45°C.

No que se refere aos esquemas de mosturas, destacamos a mostura por infusão e a mostura por Decocção.

A mostura por infusão: é o processo onde se alcança as temperaturas de repouso, ou seja, as temperaturas dos patamares na mostura, pela adição de quantidades medidas de água aquecida a temperaturas cuidadosamente calculadas ou ainda usando calor direto para aquecer esse mosto.

Tal processo consiste em extrair o extrato do malte de forma única, uma única mistura de água e malte, aplicando as temperaturas desejáveis e necessárias no todo. Podemos executar a mostura por infusão de duas formas básicas, uma dita "simples" com uma única temperatura de repouso, sem rampas ou escalonamentos e neste caso a temperatura sugerida deverá ficar entre 65°C a 68°C. Este processo é mais comum e utilizado entre os cervejeiros caseiros, tendo em vista a dificuldade de controle de temperaturas quando utilizamos fogareiros e panelas.

E a segunda forma é uma mostura dita infusão "escalonada", onde se promove gradativamente o aumento da temperatura respeitando o sistema enzimático, potencializando assim suas reações e objetivando cervejas com características específicas. Neste caso, definimos as temperaturas e os repousos dentro das faixas enzimáticas já estudadas, conforme prescrição do cervejeiro. É um processo mais "rápido" e de "menor" custo em relação à mostura por decocção (veremos à frente), hoje em dia é a forma de mostura mais utilizada pelas microcervejarias, podendo ser utilizados pelos cervejeiros caseiros também, por que não?

Esquemas de mostura por infusão e seus cálculos

INFUSÃO SIMPLES

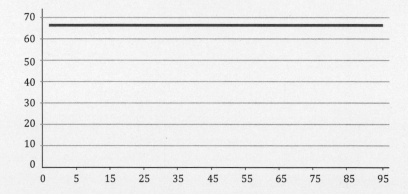

Para a infusão simples, devemos preliminarmente determinar a temperatura inicial da água de tal forma que quando arriarmos o malte com temperatura ambiente, a temperatura resultante coincida com a temperatura alvo de mostura, que se recomenda valores entre 65°C e 68°C. Se for necessário podemos usar calor direto na mostura para garantir essa temperatura ao longo do tempo previsto. Stephen R. Holle sugere:

TAI – Temperatura Inicial da Água para Infusão

$$TAI = \frac{(0{,}4 \cdot P_{Malte} + P_{H2O}) \cdot Temp_{Alvo} - (0{,}4 \cdot P_{Malte} \cdot Temp_{Malte})}{P_{H2O}} \quad [16]$$

Onde:

P_{Malte} – *Peso de Malte na Mostura;* P_{H2O} – *Peso de água na mostura;*
$Temp_{Malte}$ – *Temperatura do Malte, que pode ser considerada a do ambiente;*
$Temp_{Alvo}$ – *Temperatura Alvo iniciamente na mostura.*

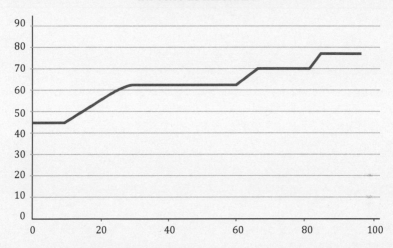

Incialmente esse método se parece com o anterior e devemos preliminarmente determinar a temperatura inicial da água de tal forma que quando arriarmos que o malte em temperatura ambiente resulte em uma temperatura que coincida com a temperatura alvo inicial de mostura. Mas depois desse primeiro passo é necessário ou a aplicação direta de calor para executarmos as rampas e patamares de temperatura estipulados, ou ainda a determinação de volumes de água fervente (temperatura próxima a 100°C) que adiciona a mosto elevará sua temperatura à prescrita, tal procedimento deverá ser realizado cada vez que for necessária executar um incremento da temperatura. Se necessário for também podemos usar calor direto na mostura para garantir essa temperatura ao longo do tempo previsto. Stephen R. Holle sugere:

TAI – Temperatura Inicial da Água para Infusão

$$TAI = \frac{(0{,}4 \cdot P_{Malte} + P_{H2O}) \cdot Temp_{Alvo} - (0{,}4 \cdot P_{Malte} \cdot Temp_{Malte})}{P_{H2O}} \quad [17]$$

Onde:

P_{Malte} – *Peso de Malte na Mostura;* P_{H2O} – *Peso de água na mostura;*
$Temp_{Malte}$ – *Temperatura do Malte que pode ser considerada a do ambiente;*
$Temp_{Alvo}$ – *Temperatura Alvo inicialmente na mostura.*

CCM – Capacidade Calorífica da Mostura

$$CCM = \frac{0{,}4 \cdot P_{Malte} + 1{,}0 \cdot P_{H2O}}{P_{Malte} + P_{H2O}} \quad \text{[18]}$$

Onde:

P_{Malte} – *Peso de Malte na Mostura;* P_{H2O} – Peso de água na mostura;

Capacidade Calorífica do Malte = 0,4 e Capacidade Calorífica da Água = 1,0

PAM – Peso de Água Fervente a Adicionar na Mostura para Efetuar a Temperatura

$$PAM = \frac{CCM \cdot P_{Mostura} + P_{H2O} \cdot (Temp_{Alvo} - Temp_{Atual})}{Temp_{Fervura} - Temp_{Alvo}} \quad \text{[19]}$$

Onde:

CCM – Capacidade Calorífica da Mostura;

$P_{Mostura}$ – Peso Total da Mostura;

$Temp_{Atual}$ – *Temperatura Atual da Mostura;*

$Temp_{Alvo}$ – *Temperatura Alvo da mostura;*

$Temp_{Fervura}$ – *Temperatura de Fervura, Variando de 90°C 100°C.*

A MOSTURA POR DECOCÇÃO

Consiste em executar a mosturação também de forma escalonada, com rampas e patamares de temperatura, respeitando as faixas de atuação das enzimas, mas em cada subida de temperatura uma fração mosto é separada e fervida e depois novamente adicionada no mosto restante original, ou seja, a variação de temperatura é feita por essa fração ou alíquota que foi retirada do volume inicial e fervida, esse volume deve ser devidamente calculado. Tal técnica foi motivada, historicamente, devido à pouca qualidade e diversidades de maltes à época e possivelmente também pela falta de termômetros, pois esse procedimento repetitivo sempre converge para as temperaturas pré-estabelecidas pelo cervejeiro. Nessa técnica, é necessário definirmos as temperaturas e os repousos relativos ao processo enzimático, além do número de decocção pretendidos e o volume da fração ou alíquota de mosto que será submetida à sacarificação (caso não tenha ocorrido) em primeiro lugar e depois a fervura. É um processo mais lento, com maior gasto energético e invariavelmente necessita de equipamentos especiais para sua boa execução, este procedimento de fervura de uma alíquota do mosto dentro da mostura, tem como objetivo caramelizar os açúcares com a finalidade de conseguirmos cores e sabores mais pronunciados à cerveja. Mas, hoje em dia, existem uma gama de maltes modificados capaz de recriar os mesmos efeitos à cerveja, o que torna a mostura por decocção um procedimento menos usado, porém em respeito a uma tradição, ou ao estilo de cerveja, ou a um amor pela técnica, ainda existem pessoas adeptas a ela, acho louvável, mas particularmente produzo minhas cervejas pelo processo de mostura por infusão escalonada com o uso de calor direto.

Uma vez escolhido a mostura por decocção o cervejeiro poderá realizar decocção simples, decocção dupla ou decocção tripla, relativo à elevação da temperatura buscando um único patamar de repouso, ou buscando dois patamares de repouso ou ainda buscando três patamares de repouso, respectivamente, atendendo assim o sistema enzimático. Resumidamente, para cada mudança de temperatura deve-se fazer uma decocção com volume apropriado. Se essa temperatura alvo (temperatura a ser alcançada) for inferior a temperatura de sacarificação, 68°C~70°C é necessário fazer antes uma parada de amilase, por exemplo a 68°C por um tempo variando entre 15 a 20 minutos e só depois fervemos essa alíquota de mosto por um tempo determinado. O tempo de fervura desta alíquota de mosto poderá variar entre 10 a 15 minutos no caso de cervejas claras e entre 20 e 30 minutos no caso de cervejas escuras.

Exemplo de decocção escalonada respeitando o sistema enzimático

A seguir apresentamos um exemplo de decocção tripla. O esquema mostrado no gráfico foi adotado inicialmente na alemã para a fabricação das Cervejas Pilsens, e até hoje é adotado por muitas cervejarias ao redor do mundo.

A mostura por decocção tripla, busca três patamares de temperatura durante o processo, que são neste caso, uma parada ácida, uma parada proteica e uma parada de sacarificação (ver gráfico a seguir). Em cada um desses estágios, a decocção é usada para alcançar o próximo estágio, ou seja, o próximo patamar, até que o *mash-out* seja alcançado.

DECOCÇÃO

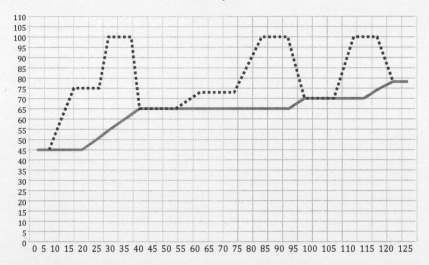

Inicialmente esse método se parece com os métodos anteriores e o cervejeiro deve preliminarmente determinar a temperatura inicial da água de tal forma que quando arriarmos o malte em temperatura ambiente resulte em uma temperatura que coincida com a temperatura alvo inicial de mostura. Mas depois desse primeiro passo é necessário a determinação de uma alíquota de volume de mosto que deverá ser separada, aquecida, sacarificada, fervida e devolvida ao mosto inicial, incrementando assim a temperatura de mostura objetivando a temperatura alvo. Tal procedimento deverá ser realizado cada vez que for previsto um incremento de temperatura à mostura, e se necessário for também podemos usar calor direto para garantir essa temperatura ao longo do tempo previsto. Stephen R. Holle sugere:

TAI – Temperatura Inicial da Água para Infusão

$$TAI = \frac{(0{,}4 \cdot P_{Malte} + P_{H2O}) \cdot Temp_{Alvo} - (0{,}4 \cdot P_{Malte} \cdot Temp_{Malte})}{P_{H2O}} \quad [20]$$

Onde:

P_{Malte} – *Peso de Malte na Mostura;* P_{H2O} – *Peso de água na mostura;*

$Temp_{Malte}$ – *Temperatura do Malte, que pode ser considerada a do ambiente;*

$Temp_{Alvo}$ – *Temperatura Alvo iniciamente na mostura.*

VDC – Volume de Decocção

$$VDC = \frac{Vol_{Mostura} \cdot (Temp_{Alvo} - Temp_{Atual})}{Temp_{Fervura} - Temp_{Alvo}} \quad [21]$$

Onde:

VDC – Volume de Decocção; $V_{mostura}$ – Voume Total da mostura;

$Temp_{Atual}$ – Temperatura Atual da mostura;

$Temp_{Alvo}$ – Temperatura Alvo na mostura.

$Temp_{Fervura}$ – Temperatura de Fervura, Variando de 90°C 100°C.

EXEMPLO 6 Proponha um esquema de mostura do tipo infusão escalonada para as brassagens das seguintes cervejas, uma American Pale Ale (APA), uma Belgian Dubbel e uma Weiss.

Solução:

a) Para a American Pale Ale (APA), propomos uma cerveja menos encorpada "seca", executando uma parada maior na beta-amilase (Maltose) considerando que não há adjuntos ricos em proteína na receita, uma cerveja Puro Malte. Rampas com subida de 1°C/minuto.

	Temperatura	Tempo do Repouso
Arriar o Malte →	45°C	-
	65°C	80min
	70°C	10min
	78°C	5min

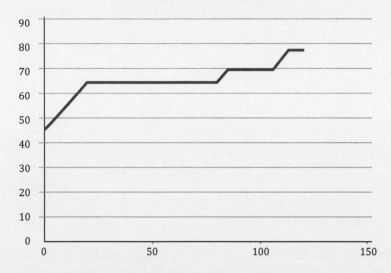

b) Para a Belgian Dubbel, priorizamos uma cerveja mais encorpada e "doce", portanto, além de uma parada na beta-amilase (Maltoses), faremos uma parada mais longa na alfa-amilase (Dextrinas), considerando que não há adjuntos ricos em proteína na receita, mas com adição de *candi sugar* na fervura. Rampas com subida de 1°C/minuto.

	Temperatura	Tempo do repouso
Arriar o Malte →	45°C	-
	65°C	50min
	70°C	30min
	78°C	5min

INFUSÃO ESCALONADA - MODELO 2

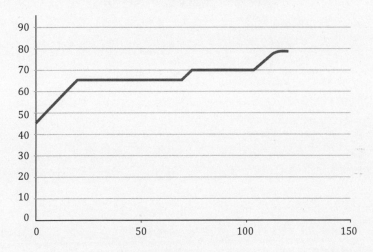

c) Para a Weiss, priorizamos uma cerveja mais encorpada e "doce", portanto, além de uma parada na beta-amilase (Maltoses), faremos uma parada mais longa na alfa-amilase (Dextrinas), considerando a existência de adjuntos ricos em proteína, malte trigo na nossa receita e buscando um caráter fenólico na cerveja, faremos uma parada proteica. Rampas com subida de 1°C/minuto.

	Temperatura	Tempo do repouso
Arriar o Malte →	45°C	15min
	65°C	50min
	70°C	30min
	78°C	5min

INFUSÃO ESCALONADA - MODELO 3

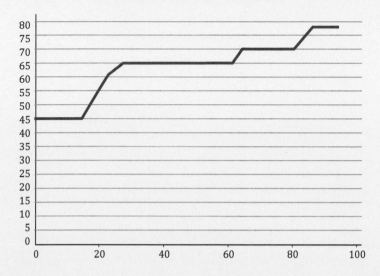

EXEMPLO 7 Dado uma mostura por infusão simples conforme dados a seguir, e considerando temperatura única de mostura 68°C (Sacarificação – 60 minutos). Determine a temperatura inicial da água para que tal processo se realize com sucesso.

Dados: $P_{Malte} = 5\ Kg$; $P_{H2O} = 13{,}75\ kg$; $Temp_{Alvo} = 68\ °C$

$Temp_{Malte} = 20°C$ (Teperatura Ambiente);

TAI – Temperatura Inicial da Água para Infusão

$$TAI = \frac{(0{,}4 \cdot P_{Malte} + P_{H2O}) \cdot Temp_{Alvo} - (0{,}4 \cdot P_{Malte} \cdot Temp_{Malte})}{P_{H2O}}$$

$$TAI = \frac{(0{,}4 \cdot 5 + 13{,}75) \cdot 68 - (0{,}4 \cdot 5 \cdot 20)}{13{,}75}$$

$TAI = 74{,}98\ °C \cong 75°C$

Neste caso começaremos a infusão com 13,75 litros de água com temperatura de 75°C e em seguida adicionaremos os 5kg de malte, fazendo com que a temperatura convirja para 68°C (prescrito), e devemos manter assim por 60 minutos. Se necessário for podemos usar calor direto na mostura para garantir essa temperatura ao longo do tempo previsto. Para finalizar a mostura podemos fazer a inativação das enzimas na lavagem dos grãos.

EXEMPLO 8 Dado uma mostura por infusão escalonada conforme dados a seguir, e considerando três patamares de temperatura, 50°C (Protease – 15 minutos), 65°C (Beta Amilase – 30 minutos) e 72° C (Alfa Amilase – 30 minutos). Determine a temperatura inicial da água e determine também os dois volumes de água fervente que devem ser adicionadas na mostura para que tal processo se realize com sucesso.

Dados: P_{Malte} = 5 Kg; P_{H2O} = 13,75 kg; $Temp_{Alvo1}$ = 50 °C;

$Temp_{Alvo2}$ = 65 °C e $Temp_{Alvo3}$ = 72 °C; $Temp_{Fervura}$ = 95 °C

$Temp_{Malte}$ = 20°C (Teperatura Ambiente);

TAI – Temperatura Inicial da Água para Infusão

$$TAI = \frac{(0,4 \cdot P_{Malte} + P_{H2O}) \cdot Temp_{Alvo} - (0,4 \cdot P_{Malte} \cdot Temp_{Malte})}{P_{H2O}}$$

$$TAI = \frac{(0,4 \cdot 5 + 13,75) \cdot 50 - (0,4 \cdot 5 \cdot 20)}{13,75}$$

TAI = 54,4 °C

Neste caso começaremos a infusão com 13,75 litros de água com temperatura de 54,4°C e em seguida adicionaremos os 5kg de malte, fazendo com que a temperatura convirja para 50°C (prescrito), e devemos manter assim por 15 minutos. Se necessário for podemos usar calor direto na mostura para garantir essa temperatura ao longo do tempo previsto. A subida da temperatura para os outros dois patamares estipulados, 65°C e 72°C pode ser realizado usando calor direto na mostura, que é o mais comum, e neste caso nossos cálculos finalizam aqui. Ou fazer o incremento da temperatura usando água fervente (temperatura próxima aos 100°C), e para tal realização devemos calcular os volumes de água fervente que devemos adicionar à mostura.

Subida ao patamar 1 – 65°C

CCM – Capacidade Calorífica da Mostura

$$CCM = \frac{0,4 \cdot P_{Malte} + 1,0 \cdot P_{H2O}}{P_{Malte} + P_{H2O}}$$

$$CCM = \frac{0,4 \cdot 5 + 1,0 \cdot 13,75}{5 + 13,75}$$

CCM = 0,84

PAM – Peso de Água Fervente a Adicionar na Mostura para Efetuar a temperatura.

$$PAM = \frac{CCM \cdot P_{Mostura} + P_{H2O} \cdot (Temp_{Alvo} - Temp_{Atual})}{Temp_{Fervura} - Temp_{Alvo}}$$

$$PAM = \frac{0,84 \cdot (5 + 13,75) \cdot (65 - 50)}{95 - 65}$$

PAM = 7,89 Kg ou 7,89 Litros de água à 95 °C

Subida ao patamar 2 – 72°C

CCM – Capacidade Calorífica da Mostura

$$CCM = \frac{0,4 \cdot P_{Malte} + 1,0 \cdot P_{H2O}}{P_{Malte} + P_{H2O}}$$

$$CCM = \frac{0,4 \cdot 5 + 1,0 \cdot (13,75 + 7,89)}{5 + (13,75 + 7,89)}$$

CCM = 0,89

PAM – Peso de Água Fervente a Adicionar na Mostura para Efetuar a temperatura.

$$PAM = \frac{CCM \cdot P_{Mostura} + P_{H2O} \cdot (Temp_{Alvo} - Temp_{Atual})}{Temp_{Fervura} - Temp_{Alvo}}$$

$$PAM = \frac{0,89 \cdot (5 + 13,75 + 7,89) \cdot (72 - 65)}{95 - 75}$$

PAM = 7,22 Kg ou 7,22 Litros de água à 95 °C

Esses volumes de água devem ser subtraídos do volume de água de lavagem dos grãos que será ensinado no próximo capítulo.

Lembramos que tal técnica em tela não é a mais usual, pois o mais comum é a aplicação de calor direto na mostura, com os seus 13,75 litros à 50°C para a realização destes incrementos de temperatura.

Para finalizar a mostura podemos fazer a inativação das enzimas na lavagem dos grãos.

EXEMPLO 9 Refaça o exemplo anterior, mas agora considerando uma mostura por decocção conforme dados a seguir, e considerando três patamares de temperatura, 50°C (Protease – 15 minutos), 65°C (Beta Amilase – 30 minutos) e 72°C (Alfa Amilase – 30 minutos). Determine a temperatura inicial da água e determine também os dois volumes de decocção necessários para que tal processo se realize com sucesso.

Dados: P_{Malte} = 5 Kg; P_{H2O} = 13,75 kg; $Temp_{Alvo1}$ = 50 °C;

$Temp_{Alvo2}$ = 65 °C e $Temp_{Alvo3}$ = 72 °C; $Temp_{Fervura}$ = 95 °C

$Temp_{Malte}$ = 20°C (Teperatura Ambiente);

TAI – Temperatura Inicial da Água para Infusão

$$TAI = \frac{(0{,}4 \cdot P_{Malte} + P_{H2O}) \cdot Temp_{Alvo} - (0{,}4 \cdot P_{Malte} \cdot Temp_{Malte})}{P_{H2O}}$$

$$TAI = \frac{(0{,}4 \cdot 5 + 13{,}75) \cdot 50 - (0{,}4 \cdot 5 \cdot 20)}{13{,}75}$$

TAI = 54,4 °C

Neste caso começaremos a infusão com 13,75 litros de água com temperatura de 54,4°C e em seguida adicionaremos os 5kg de malte, fazendo com que a temperatura convirja para 50°C (prescrito), e devemos manter assim por 15 minutos. A subida da temperatura para os outros dois patamares estipulados, 65°C e 72°C agora será realizado retirando uma alíquota do mosto a ser calculado e aplicando sobre ela uma temperatura de sacarificação (68°C por 15 minutos) e depois fervê-la por mais 15 minutos, retornamos esse volume ao mosto inicial com a finalidade de incrementar a temperatura da mostura atingindo 65°C. Tal procedimento é repetido, mas com outra alíquota do mosto a ser calculado. Nosso objetivo é determinar esses volumes de decocção.

Subida ao patamar 1 – 65°C

VDC – Volume de Decocção

$$VDC = \frac{Vol_{Mostura} \cdot (Temp_{Alvo} - Temp_{Atual})}{Temp_{Fervura} - Temp_{Alvo}}$$

$$VDC = \frac{(5 + 13,75) \cdot (65 - 50)}{95 - 65}$$

VDC = 9,375 *litros de mostro para sacarificação e fervura*

Subida ao patamar 2 – 65°C

VDC – Volume de Decocção

$$VDC = \frac{Vol_{Mostura} \cdot (Temp_{Alvo} - Temp_{Atual})}{Temp_{Fervura} - Temp_{Alvo}}$$

$$VDC = \frac{(5 + 13,75) \cdot (72 - 65)}{95 - 72}$$

VDC = 5,706 *litros de mostro para sacarificação e fervura*

Se necessário for podemos usar calor direto na mostura para garantir essa temperatura ao longo do tempo previsto.

Para finalizar a mostura podemos fazer a inativação das enzimas na lavagem dos grãos.

ÁGUA ("O MEIO") SUAS CARACTERÍSTICAS E SEUS VOLUMES

Quando se pensa em cervejas excepcionais, por algum instante, acreditamos que o malte é sua alma, logo depois pensamos: "Ora! Sem o lúpulo como fazer uma bela cerveja?". Então, descobrimos que a levedura, ela sim, tem uma importância única, pois toda "alquimia" depende dela. E a água? Onde fica? Com toda essa sua característica solvente, polarizada e rica em sais minerais, não seria o elemento mais importante? Na verdade, a cerveja só existe com a junção destes "ingredientes" únicos e insubstituíveis, combinados quase de forma divina, só assim se consegue um produto de boa qualidade. Então é necessário pensar na água com todo cuidado que ela merece.

A água deve ser livre de impurezas, sem cloro, filtrada, insípida, incolor e inodora. Claro! Na falta destes três últimos quesitos, não poderíamos nem chamar o pobre líquido de água.

Muito se fala sobre uma espécie de "Denominação de origem" das cervejas, seus ingredientes, técnica de fabrico, sua região e suas águas, aquelas "águas históricas" que fazem cervejas famosas, não tenha dúvida dessa afirmativa, ela é real. Analisando a questão das escolas cervejeiras mais antigas, Alemã, Belga, Inglesa, no que se refere à qualidade e características da cerveja local produzida, e se imaginarmos que nos primórdios as mesmas eram feitas apenas com os ingredientes, insumos e água "que no quintal existia" (disponíveis), essas cervejas adquiriram características próprias e marcantes, avalio que a água foi um dos fatores principais, fazendo valer o termo "Denominação de origem" aqui proposto. Devido a esse fato provavelmente nos dias de hoje, tais cervejas foram catalogadas e transformadas em estilos na forma que conhecemos nos famosos guias de estilos. Quando atuamos na água, desde um simples processo de filtragem até correções de sais minerais e pH necessárias para a fabricação de cerveja, transformamos essa água em água cervejeira, e essa atuação líquida ou no mínimo redução a necessidade de ter uma fonte de água excepcional perto de nossa cervejaria.

No entanto, se você estiver instalado em um lugar onde a oferta de água é de boa qualidade, deve-se pensar duas vezes em modificá-la, pois pode ser interessante manter as propriedades originais daquela região e, assim, quem sabe, produzir cervejas distintas e inovadoras. Destacamos também que se for desejado a utilização de sais para a correção da água com a intensão de recriar as tais "águas históricas" é necessário que seja feito uma análise físico-química antes da correção, pois não é possível modificá-la de forma satisfatória sem conhecê-la.

O PH

A água na sua configuração mais pura apresenta dois elementos químicos básicos, o hidrogênio e o oxigênio, que se arranjam na sua maior parte na forma molecular H_2O, no entanto verificasse também a existência de uma solução iônica, com carga negativa (ânions) e positiva (cátions), parcialmente dissociadas em hidróxido (OH^-) e hidrogênio (H^+). Essa dissociação apesar de existir é mínima, para cada molécula de água dissociada em H^+ e OH^- existem 10.000.000 de moléculas não dissociadas H_2O. A avaliação destes íons de hidrogênio livre é realizada através de uma unidade de medida denominada pH, esse termo expressa a concentração de hidrogênio livre em uma solução.

$$pH = log \frac{1}{H^+}$$

Uma água neutra possui concentrações iguais de íons OH^- e H^+ tal fato corresponde a um pH = 7, já para valores de pH < 7 essa dissociação indicam uma concentração maior de H^+ e consequentemente a água é denominada ácida, por fim se o pH > 7 indicam uma concentração maior de OH^- resultando em uma água alcalina.

A DUREZA: "ÁGUA MOLE" É "ÁGUA DURA"

A dureza da água é definida em termos das concentrações de cátions cálcio e magnésio Ca^{2+} e Mg^{2+}, geralmente acompanhados dos ânions bicarbonato, cloretos ou sulfatos, por definição existe uma *dureza temporária*, uma *dureza permanente* e uma *dureza total*.

Dureza temporária: é aquela devida às presenças dos bicarbonatos de cálcio ($Ca.(HCO_3)_2$) e bicarbonatos de magnésio ($Mg.(HCO_3)_2$) que quando fervidas ocorrem a precipitação dos sais neutros (os carbonatos) e parte da dureza é removida, exemplos:

$$Ca.(HCO_3)_2 \rightarrow CaCO_3 \ (s) + H_2O + CO_2 \ (g)$$
$$Mg.(HCO_3)_2 \rightarrow MgCO_3 \ (s) + H_2O + CO_2 \ (g)$$

Dureza permanente: é a dureza da água ocasionada pela presença de outros sais de cálcio e magnésio, usualmente os cloretos e sulfatos, essa dureza não pode ser removida por fervura.

Dureza total: a soma das durezas temporária e permanente é conhecida como dureza total da água e geralmente é expressa em ppm de $CaCO_3$, ela pode ser determinada pela fórmula a seguir:

$$Dureza\ Total = 50 \cdot \left(\frac{[Ca]}{20} + \frac{[Mg]}{12,1}\right)\ \text{[22]}$$

Onde as concentrações de [Ca] e [Mg] é dado ppm.

Em concentrações acima de 150ppm, água é classificada como dura. Teores entre 150ppm e 75ppm, como moderadas e, abaixo de 75ppm é chamada de água mole.

Adiante mostraremos como adicionar os sais e como atuam na correção mineral da água cervejeira. Mas antes é importante dizer, que nossas águas brasileiras, são normalmente classificadas como "mole" o que facilita sua correção, pois requer apenas a adição de sais. Se por ventura você tiver a sua disposição uma água classificada como "dura" para a fabricação da sua cerveja, pode ser um problema no seu processo, pois retirar os sais existentes é mais complexo, apesar de ser possível através da mistura de água destilada, que é isenta de sais minerais, com a água disponível na cervejaria, no entanto tal correção é muito mais complexa. Muitas vezes é conveniente discutir a água cervejeira, em termos da sua dureza que em geral, pode-se dizer que a água "mole" (com menos minerais dissolvidos) é melhor para a produção de cervejas com cores mais claras, enquanto a água "dura" favorece a produção de cervejas de estilos mais escuros.

ALCALINIDADE

A Alcalinidade é a medida total das substâncias presentes na água capazes de neutralizarem os ácidos, em outras palavras: é a medida da capacidade de "tamponamento" de uma solução ou simplesmente a sua aptidão para neutralizar o ácido forte e resistir à mudança de pH. Essa Alcalinidade é geralmente devido à concentração de carbonato (CO_3) e bicarbonato (HCO_3) em água.

ALCALINIDADE RESIDUAL (RA)

A Alcalinidade Residual é essencialmente a alcalinidade água reagindo com os ingredientes da mostura, mais precisamente o malte. No início de 1950, o alemão cientista em tecnologia cervejeira P. Kolbach descobriu que cada 3,5 mEq/l de cálcio reage com os fosfatos presentes malte liberando um equivalente de íons de hidrogênio capaz de neutralizar 1,0 mEq/l da alcalinidade da água e o mesmo acontece com 7 mEq/l de magnésio. A alcalinidade residual de Kolbach pode ser maior, igual ou menor que zero e é dado pelas equações a seguir:

$$RA = [CaCO_3] - \left[\frac{Ca}{3,5}\right] - \left[\frac{Mg}{7,0}\right] \quad em \; mEq/l \quad [23]$$

ou

$$RA = [CaCO_3] - \left[\frac{Ca}{1,4}\right] - \left[\frac{Mg}{1,7}\right] \quad em \; ppm \quad [24]$$

Onde: Alcalinidade [CaCO$_3$]
Cálcio [Ca]
Magnésio [Mg]

ÍONS NO PROCESSO CERVEJEIRO

No que se refere aos íons necessário e presentes em uma água cervejeira para a realização de uma boa brassagem destacamos, primeiramente, o cátion cálcio Ca^{2+}, que provavelmente é o elemento mais importante elemento no processo cervejeiro, que aumenta a atividade enzimática, reduz o pH da mosturação para os níveis adequados, auxilia a precipitação das proteínas levando a uma melhor formação do trub e clarificação do mosto, além de reduzir a extração de taninos. O cátion magnésio Mg^{2+} participam das mesmas reações que o cálcio, mas não com a mesma eficiência, pois é um importante nutriente para as leveduras e em excesso pode contribuir com um amargor desagradável. Outro cátion presente é o sódio Na^+, que pode acentuar o dulçor da cerveja em baixas quantidades, mas em altas concentrações proporciona um sabor salgado, sendo que não é recomendada a sua combinação com o sulfato, porque isso pode levar a sabores desagradáveis, portanto deve-semos manter pelo menos um deles em baixo nível. O ânion mais importante no processo cervejeiro é o bicarbonato ($HCO3^-$), visto que ele mesmo determina a alcalinidade da água cervejeira, neutralizam a acidez proveniente de maltes torrados e escuros evitando a diminuição do pH, reage também com o cálcio reduzindo a dureza, promove a extração dos taninos e compostos que conferem a coloração, podem aumentar a sensação do amargor, mas de forma desagradável, o que deve ser evitado. O ânion sulfato ($SO4^{-2}$) não desenvolve um papel significativo no processo cervejeiro, mas atua sensorialmente acentuando o amargor do lúpulo e a sensação de secura da cerveja, de forma agradável, são encontradas altas concentrações na água histórica de Burton. Por fim ânion cloreto (Cl^-), que realça o dulçor em baixas concentrações, aumenta a sensação de plenitude no paladar podendo suavizar o sabor da cerveja, mas em altas concentrações dificulta a floculação da levedura.

ÁGUAS HISTÓRICAS

O guia de estudo para os exames de cerveja do BJCP destaca como os íons descritos acima são encontrados em diferentes concentrações e fonte da água disponível para as cervejarias nas principais cidades de tradição cervejeira, as denominadas "Águas históricas".

Essas composições específicas da água desempenharam um papel importante no desenvolvimento dos estilos mundiais de cerveja, como por exemplo, em Londres, Dublin e Munique, a alta concentração de bicarbonatos foi determinante para equilibrar as propriedades acidificantes dos maltes escuros e torrados usados nas produções das Porters, Stouts e Dunkels, garantindo uma mosturação adequada justificando o sucesso mundial destas cervejas. Já ao se tentar produzir cervejas claras com esse mesmo tipo de água, implicaria na necessidade da redução do pH obrigatoriamente, com a utilização de maltes claros acidificados ou de ácidos, tais como os ácido lático ou ácido fosfórico.

Localizações	Cálcio (ppm)	Magnésio (ppm)	Sódio (ppm)	Cloreto (ppm)	Sulfato (ppm)	Bicabornato (ppm)	Alcalinidade (ppm)	RA (ppm)
Burton	275	40	25	35	610	270	221	1,3
Dortmund	230	15	40	130	330	235	193	19,5
Dublin	120	4	12	19	55	315	258	170
Edinburgh	100	20	55	50	140	285	233	150
London	70	6	15	38	40	166	136	82,5
Koln	104	15	52	109	86	152	125	42
Munich	77	17	4	8	18	295	242	177
Pilsen	7	2	2	6	8	16	13	7
Vienna	75	15	10	15	60	225	184,5	122
Hoegaarden	90	11	16	53	82	171	140	70
Chimay	70	7	7	21	21	205	168	114
Orval	96	4	5	13	25	270	221	150
Willebroek (Duvel)	68	8	33	60	70	143	117	64
Dusseldorf	40	15	25	45	80	81	66,5	29
San Francisco (Anchor)	24	15	28	39	39	104	85	60

Outro bom exemplo da influência da água nos estilos cervejeiros é Burton, porque sua água é extremamente dura e com alta concentração dos íons sulfato e magnésio que proporcionam uma secura na cerveja e acentua o sabor lúpulo, valorizando-o de forma incrível, é o caso das English Bitters, Pale Ales e Índia Pale Ales da região. No lado oposto está a Pilsen, que possui concentrações muito baixas de íons dissolvidos resultando em cervejas mais claras e leves. Segundo o BJCP a adoção da técnica de mosturação por decocção pode ser parcialmente justificado, devido à carência destes minerais na água juntamente com o pouco uso de maltes modificados, originalmente naquela região, diante deste fato seria necessário adotar uma estratégia distinta na mosturação, ou seja, elaborar patamares de temperatura na mosturação por decocção auxiliando as diversas reações enzimáticas resultando no ajuste do pH e conferindo cor e corpo à cerveja a partir da caramelização dos açúcares. O ajuste da água cervejeira em relação às águas históricas, com a finalidade de reproduzi-las pode ser executado com eficiência, basta adicionar diferentes sais à água local, levando em conta a regra que a adições de sais que visam melhorar a capacidade de tamponamento ou o ajuste do pH da mosturação, você deve usar sempre o volume de mosturação para os cálculos. Já a adições de sais que visam mudança de sabor na cerveja pronta, o volume final de cerveja produzida deve ser usado nos cálculos. As adições mais comuns de sais são Sulfato de Cálcio ($CaSO_4.2H_2O$), Sulfato de Magnésio ($MgSO_4.7H_2O$), Cloreto de Sódio (NaCl), Carbonato de Cálcio ($CaCO_3$) e Cloreto de Cálcio ($CaCl_2.H_2O$). A adição de Sulfato de Cálcio ou Sulfato de Magnésio é conhecida como Burtonização, já que eleva a dureza e a concentração de sulfatos a níveis similares aos encontrados em Burton-onTrent. Outros sais podem ser utilizados, mas esses são de longe os mais empregados.

A seguir apresentamos um gráfico que foi inicialmente desenvolvido por A.J. deLange em seu trabalho *Understanding Alkalinity and Hardness* e ele fornece um panorama geral de como essas "águas históricas" se comporta, semelhanças e diferenças, cervejas claras ou escuras, pHs, alcalinidades, alcalinidades residuais e durezas que as caracterizam.

A.J. deLange partiu do estudo do alemão P. Kolbach para o desenvolvimento desse trabalho, sendo essa uma ferramenta preciosa na hora de definir o perfil mineralógico para a água cervejeira de um determinado estilo de cerveja que se pretende fazer.

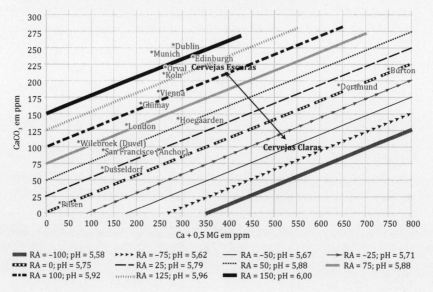

TRATAMENTO DE ÁGUA

Qualquer fonte de água pode ser utilizada para a fabricação de cervejas, no entanto algumas delas podem não apresentar condições ideais de uso, neste caso há a necessidade de um tratamento prévio dos quais os mais comuns são:

- Remoção do cloro;
- Ajuste da dureza;
- Ajuste a alcalinidade;
- Ajuste do pH (em consequência dos dois itens anteriores);
- Ajuste do perfil mineralógico da água.

ALGUNS ASPECTOS FUNDAMENTAIS

Note que o pH da água é importante, mas o pH fundamental na produção da cerveja é o do mosto, e esse deve ser medido no momento da cocção, do cozimento do malte, e deve variar entre 5,2 a 5,6, pois esse intervalo de potencializa o trabalho das enzimas. Outra boa notícia é que o próprio malte praticamente já garante este pH, ou seja, normalmente quando da adição do malte na água, o pH se reduz para valores próximo ao necessário. Se isso não acontecer satisfatoriamente, existe a possibilidade de se utilizar maltes acidificados ou ácidos para o controle dele na mostura, é o exemplo do ácido láctico.

P. Kolbach foi pioneiro na discussão de como determinar o pH na mostura, e propôs que o pH médio relativo aos maltes embebidos em água deveria ser corrigido de 0,00157.RA, onde RA é a alcalinidade residual, já apresentada anteriormente.

A. J. deLange em seu trabalho *Understanding Alkalinity and Hardness* volta a apresenta a equação para a determinação do pH do mosto desenvolvida por P. Kolbach, mas com um valor de 0,00168.RA, tal diferença pode ser explicada pelo forma do arredondamento da constante e pela transformação de unidades imposta, pois originalmente Kolbach trabalhou com a unidade Graus de Dureza Alemão (°dH) e não PPM, e tal transformação se dá dividindo o termo proposto por Kolbach por 17,85, vejamos:

a) Primeiro valor:

$$\frac{0,028}{17,85} = 0,00157$$

b) Segundo valor:

$$\frac{0,03}{17,85} = 0,00168$$

Ambos podem ser usados.

Trabalhos recentes, tais como *The Effect of Brewing Water and Grist Composition on the pH of Mash*, *A Homebrewing Pespective on mash pH I: The Grain Bill* e *A Homebrewing Pespective on Mash pH II: Water* se debruçaram também neste tema. Estes últimos estudos são experimentais, ponderando a influências dos tipos de maltes, de suas cores, da espessura de brassagens no resultado final do pH em águas destiladas, estrategicamente escolhida provavelmente para facilitar as conclusões, tendo em vista que a água destilada apresenta pH igual 7,0. Lembrando que a definição de espessura de brassagem é a razão entre volume de água e peso de malte na mostura. A seguir mostraremos alguns resultados em forma de gráficos, sendo que o primeiro mostra como se comporta o pH de variados tipos de maltes e suas cores em água destilada, e o segundo gráfico mostra a influência da espessura da brassagem neste estudo. Fica evidente que quanto mais escuros os maltes, menor é o pH da mostura e que se apenas consideramos os maltes básicos esse pH fica em torno de 5,6.

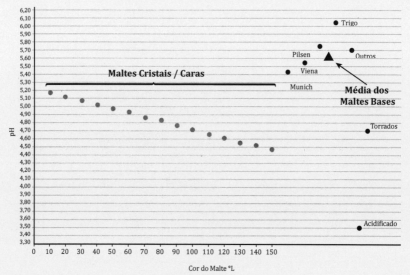

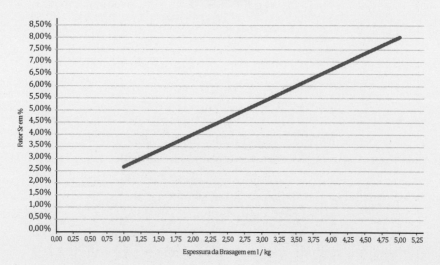

Na literatura cerejeira, por exemplo, no material da World Brewing Academy/ Siebel Institute of Technology, é apresentada uma equação para estimar o pH de uma dada mostura:

$$pH_{Mosto} = 5,59 + (0,028 \cdot RA) \ [25]$$

onde

$$RA = 0,056 \cdot [CaCO_3] - 0,04 \cdot [Ca] - 0,033 \cdot [Mg] \ [26]$$

Partindo das equações acima e das informações publicadas por P. Kolbach mostraremos "sobre a luz da matemática" sua igualdade.

1° passo: Substituir RA na equação do pH_{Mosto}.

$$pH_{Mosto} = 5,59 +$$
$$\{0,028 \cdot (0,056 \cdot [CaCO_3] - 0,04 \cdot [Ca] - 0,033 \cdot [Mg])\}$$

2° passo: Colocar em evidência o número 0,056.

$$pH_{Mosto} = 5,59 +$$
$$\left\{ 0,028 \cdot 0,056 \cdot \left([CaCO_3] - \frac{[Ca]}{1,4} - \frac{[Mg]}{1,7} \right) \right\}$$

3° passo: Fazer o produto de 0,028. 0,056.

$$pH_{Mosto} = 5,59 +$$
$$\left\{ 0,00157 \cdot \left([CaCO_3] - \frac{[Ca]}{1,4} - \frac{[Mg]}{1,7} \right) \right\}$$

4° passo: Comparando a equação do passo 3° com a definição de RA, bem como a afirmação de Kolbach que o pH médio relativo aos maltes embebidos em água deve ser corrigido de 0,00157.RA.

$$pH_{Mosto} = 5,59 + \{0,00157 \cdot RA\} \ [27]$$

Chega-se à conclusão que as equações de Kolbach e da Siebel são as mesmas, exceto pela afirmativa da Siebel de que o pH médio dos maltes embebidos em água é 5,59. No entanto se analisarmos o gráfico da página – verifica-se que a média dos pH relativos apenas aos maltes bases fica em torno de 5,60, o que de certa forma valida a equação proposta pela Word Brewing Academy.

Outra equação foi apresentada por A. J. deLange em seu trabalho *Understanding Alkalinity and Hardness*.

$$pH_{Mosto} = 5,75 + \{0,00168 \cdot RA\} \quad \textbf{[28]}$$

E por fim um modelo muito interessante para se estimar pH de uma mostura é denominado "EZ Water", ele é mais complexo e parte de uma média ponderada dos pH dos maltes participantes na mostura embebidos em água destiladas e a corrigi com a alcalinidade residual RA e com um fator Sr em porcentagem, ligado a espessura da brassagem, como mostra a figura da página-. A formulação proposta é:

$$pH = pH_{ponderado} + \frac{Sr \cdot RA}{50} \quad \textbf{[29]}$$

A alcalinidade residual RA traz todas as informações relativas aos sais constantes na água disponível pela cervejaria, mais as informações dos sais utilizados para o ajuste mineralógico e ainda a contribuição do malte acidificado e ácido lático, estes dois últimos só existirão caso o cervejeiro assim definir.

$$RA = [CaCO_3] - \left[\frac{Ca}{1,4}\right] - \left[\frac{Mg}{1,7}\right] - 1173,234 \cdot \frac{V_{AA}}{V_B} \quad \textbf{[30]}$$

Onde: Alcalinidade $[CaCO_3]$ em ppm

Cálcio [Ca] em ppm

Magnésio [Mg] ppm

V_{AA} – Volume de Ácido Lático em mililitros e com teor de 88%.

V_B – Volume da Brassagem em litros.

Cálculo dos volumes de água durante a brassagem

Não há como ser preciso na produção de cervejas, termo esse que intitula o livro, sem entre outras coisas como o cálculo efetivo dos volumes de água que envolve sua produção. Isto por questões obvias! Esses volumes influenciam, principalmente, a densidade original em primeiro plano e posteriormente a densidade final, o teor de álcool, o volume final de cerveja, além de uma possível diluição excessiva das enzimas durante a mostura resultando uma perda de eficiência na conversão dos amidos em açúcares. Percebe-se que sem esse item sua cerveja pode ficar distante do programado e requerido, por isso todo cuidado é pouco. Desde 2007, utilizo com sucesso a formulação que será apresentada a seguir, em outras palavras: os resultados medidos com densímetro e refratômetro "batem" com os prescritos.

Dos volumes temos:

Volume de água inicial (V_I), conhecida também como água primária – essa é a água necessária no início da mostura, é de grande importância para o cervejeiro, a literatura clássica indica valores de referência para a relação Grãos/Água de 1:2 a 1:2,5 para mosturas dita espessa ou densa e nestas proporções temos uma influência positiva na atividade das enzimas proteolíticas. Já para a relação denominada leve ou pouco espessa temos a relação Grãos/Água no intervalo de 1:4 a 1:5 e neste caso temos uma influência positiva na atividade das enzimas amilolíticas. Um intervalo recomendado para essa relação seria entre 1:2,0 a 1:4,0, particularmente uso o valor de 2,75.

$$V_I = 2,75 \cdot \text{(Peso Total de Malte)} \quad \textbf{[31]}$$

Volume Absorvido pelos Grãos – (V_{AG}), – os grão dos cereais maltados e não maltados apresentam naturalmente uma umidade intrínseca, no entanto quando submersos na fase da mostura eles absorvem água até a sua saturação e inevitavelmente quando se filtra o mosto no Lauter e se faz a retirada destes grãos essa água absorvida também é levada, diminuindo o volume inicial. Esse valor está entre 0,8 a 1,0 do peso total de malte utilizado na produção da cerveja.

$$V_{AG} = 0,8 \cdot \text{(Peso Total de Malte)} \quad \textbf{[32]}$$

Volume Evaporado na Fervura – (V_E), – este volume de água está relacionado com o fato de termos que ferver o mosto, pelos motivos já explicados anteriormente, e como toda fervura há a evaporação natural de parte da água, este valor pode varia entre 0,10 a 0,15 do volume final de mosto multiplicado pelo tempo de fervura em horas.

$$V_E = 0,1 \cdot \text{(Volume)} \cdot \text{(Tempo em Horas)} \quad \textbf{[33]}$$

Volume de Lavagem dos Grãos (Água para Regar os Grãos), – os grãos no filtro Lauter ainda apresentam açúcares, minerais, vitaminas e proteínas que caso desprezados reduziria a eficiência de nossa brassagem, então há a necessidade da lavagem destes grãos, essa água utilizada é (V_L), podemos fazer essa lavagem em 1, 2 ou 3 vezes dependendo do entendimento do cervejeiro, neste caso é necessário a divisão do volume total de lavagem pelo os números de lavagens que se pretende fazer.

$$V_L = (\text{Volume Total}) + V_E + V_{AG} - V_I \quad \textbf{[34]}$$

Volume no Início da Fervura (V_{IF}) – esse volume é aquele necessário antes da fervura, contabilizando as perdas por absorção dos grãos e evaporação, e é esse volume que deve garantir a densidade original prevista.

$$V_{IF} = V_I + VL - V_{AG} \quad \textbf{[35]}$$

Podemos ainda considerar nesta formulação uma perda de 4% do volume final relativo à retração térmica, uma perda de 0,5% relativo ao trub e perdas diversas que o cervejeiro queira contabilizar, porém esses valores devem ser subtraídos do volume final, gerando assim um volume de cerveja. Tal procedimento de se contabilizar essas últimas perdas "por fora" se faz necessário para a manutenção da densidade original.

Volume de Cerveja (V_C)

$$V_C = \text{Volume final} - V_R - V_{Trub} - V_{Outros}$$

Para as microcervejarias e cervejarias, deve ser subtraído do volume de lavagem um volume de fundo do filtro Lauter, aquela água empregada no filtro para formar um "colchão" de fundo para amortecer o mosto e reduzir sua oxigenação, que em fase de "mosto quente" é muito prejudicial.

EXEMPLO 10 Partindo da tabela periódica dos elementos químicos, determine para os sais abaixo a contribuição de cada íons em ppm, considerando 1g de sal diluídos em 20 litros d'água.

a) Sulfato de Cálcio di-hidratado. $CaSO_4 \cdot 2H_2O$
b) Cloreto de Cálcio di-hidratado $CaCl_2 \cdot 2H_2O$

c) Sulfato de Magnésio hepta-hidratado $MgSO_4 \cdot 7H_2O$

d) Bicarbonato de Sódio $NaHCO_3$.

Solução

a) Sulfato de Cálcio di-hidratado. $CaSO_4 \cdot 2H_2O$

Elemento	Número	Peso molecular	Total
Ca	1	40,07	= 40,07
S	1	32,06	= 32,06
O	6	15,99	= 95,94
H	4	1,0	= 4,0
Peso molecular total do sal			= 172,07

Porcentagem de cada elemento químico participante do sal.

$$Ca^{2+} - \frac{40,07 \cdot 100\%}{172,07} = 23,3\%$$

$$SO_4{}^{2-} - \frac{(32,06 + 4 \cdot 15,99) \cdot 100\%}{172,07} = 55,8\%$$

$H_2O - (100\% - 23,3\% - 55,8\%) = 20,9\%$

Na adição de x gramas de sal $CaSO_4 \cdot 2H_2O$ em y litros de água temos:

$$\frac{x}{y} \cdot 23,3\% \text{ de } Ca^{2+}$$

$$\frac{x \cdot 1000}{v} \cdot \frac{23,3}{100} \text{ ppm de } Ca^{2+}$$

$$233 \cdot \frac{x \, gramas}{y \, litros} \text{ ppm de } Ca^{2+}$$

No caso de 1 grama de sal $CaSO_4 \cdot 2H_2O$ diluídos em 20 litros de água, resulta:

$$233 \cdot \frac{1 \, gramas}{20 \, litros} = 11,65 \text{ ppm de } Ca^{2+}$$

e

$$\frac{x}{y} \cdot 55,8\% \text{ de } SO_4{}^{2-}$$

$$\frac{x \cdot 1000}{y} \cdot \frac{55,8}{100} \text{ ppm de } SO_4{}^{2-}$$

$$558 \cdot \frac{x\ gramas}{y\ litros} \text{ ppm de } SO_4{}^{2-}$$

No caso de 1 grama de sal $CaSO_4 \cdot 2H_2O$ diluídos em 20 litros de água, resulta:
$$558 \cdot \frac{1\ gramas}{20\ litros} = 27,9 \text{ ppm de } SO_4{}^{2-}$$

Cloreto de Cálcio di-hidratado $CaCl_2 \cdot 2H_2O$

Elemento	Número	Peso molecular	Total
Ca	1	40,07	= 40,07
Cl	2	35,45	= 70,90
O	2	15,99	= 31,98
H	4	1,0	= 4,0
Peso molecular total do sal			= 146,95

Porcentagem de cada elemento químico participante do sal.

$$Ca^{2+} - \frac{40,07 \cdot 100\%}{146,95} = 27,3\%$$

$$Cl^{2-} - \frac{70,90 \cdot 100\%}{146,95} = 48,2\%$$

$$H_2O - (100\% - 27,3\% - 48,2\%) = 24,5\%$$

Na adição de x gramas de sal $CaCl_2 \cdot 2H_2O$ em y litros de água temos:

$$\frac{x}{y} \cdot 27,3\% \text{ de } Ca^{2+}$$

$$\frac{x \cdot 1000}{y} \cdot \frac{27,3}{100} \text{ ppm de } Ca^{2+}$$

$$273 \cdot \frac{x\ gramas}{y\ litros} \text{ ppm de } Ca^{2+}$$

No caso de 1 grama de sal $CaCl_2 \cdot 2H_2O$ diluídos em 20 litros de água, resulta:

$$273 \cdot \frac{1 \, gramas}{20 \, litros} = 13,65 \text{ ppm de } Ca^{2+}$$

e

$$\frac{x}{y} \cdot 48,2\% \text{ de } Cl^{2-}$$

$$\frac{x \cdot 1000}{y} \cdot \frac{48,2}{100} \text{ ppm de } Cl^{2-}$$

$$482 \cdot \frac{x \, gramas}{y \, litros} \text{ ppm de } Cl^{2-}$$

No caso de 1 grama de sal $CaCl_2 \cdot 2H_2O$ diluídos em 20 litros de água, resulta:

$$482 \cdot \frac{1 \, gramas}{20 \, litros} = 24,1 \text{ ppm de } Cl^{2-}$$

c) Sulfato de Magnésio hepta-hidratado $MgSO_4 \cdot 7H_2O$

Elemento	Número	Peso molecular	Total
Mg	1	24,30	= 24,30
S	1	32,06	= 32,06
O	11	15,99	= 175,89
H	14	1,0	= 14,0
Peso molecular total do sal			= 246,25

Porcentagem de cada elemento químico participante do sal.

$$Mg^{2+} - \frac{24,30 \cdot 100\%}{246,25} = 9,9\%$$

$$SO^{2-} - \frac{(32,06 + 4 \cdot 15,99) \cdot 100\%}{246,25} = 39,0\%$$

$$H2O - (100\% - 9,9\% - 39,0\%) = 51,1\%$$

Na adição de x gramas de sal $MgSO_4 \cdot 7H_2O$ em y litros de água temos:

$$\frac{x}{y} \cdot 9{,}9\% \text{ de } Mg^{2+}$$

$$\frac{x \cdot 1000}{y} \cdot \frac{9{,}9}{100} \text{ ppm de } Mg^{2+}$$

$$99 \cdot \frac{x\ gramas}{y\ litros} \text{ ppm de } Mg^{2+}$$

No caso de 1 grama de sal $MgSO_4 \cdot 7H_2O$ diluídos em 20 litros de água, resulta:

$$99 \cdot \frac{1\ gramas}{20\ litros} = 4{,}95 \text{ ppm de } Mg^{2+}$$

e

$$\frac{x}{y} \cdot 39{,}0\% \text{ de } SO_4^{2-}$$

$$\frac{x \cdot 1\,000}{y} \cdot \frac{39{,}0}{100} \text{ ppm de } SO_4^{2-}$$

$$390 \cdot \frac{x\ gramas}{y\ litros} \text{ ppm de } SO_4^{2-}$$

No caso de 1 grama de sal $MgSO_4 \cdot 7H_2O$ diluídos em 20 litros de água, resulta:

$$390 \cdot \frac{1\ gramas}{20\ litros} = 19{,}5 \text{ ppm de } SO_4^{2-}$$

d) Bicarbonato de Sódio $NaHCO_3$

Elemento	Número	Peso molecular	Total
Na	1	22,99	= 22,99
H	1	1,0	= 1,0
C	1	12,01	= 12,01
O	3	15,99	= 47,97
Peso molecular total do sal			= 83,97

Porcentagem de cada elemento químico participante do sal.

$$Na^+ - \frac{22,99 \cdot 100\%}{83,97} = 27,38\%$$

$$HCO_3^- - \frac{60,98 \cdot 100\%}{83,97} = 72,62\%$$

Na adição de x gramas de sal $NaHCO_3$ em y litros de água temos:

$$\frac{x}{y} \cdot 27,38\% \text{ de } Na^+$$

$$\frac{x \cdot 1000}{y} \cdot \frac{27,38}{100} \text{ ppm de } Na^+$$

$$273,8 \cdot \frac{x \: gramas}{y \: litros} \text{ ppm de } Na^+$$

No caso de 1 grama de sal $NaHCO_3$ diluídos em 20 litros de água, resulta:

$$273,8 \cdot \frac{1 \: gramas}{20 \: litros} = 13,69 \text{ ppm de } Na^+$$

e

$$\frac{x}{y} \cdot 72,62\% \text{ de } HCO_3^-$$

$$\frac{x \cdot 1000}{y} \cdot \frac{72,62}{100} \text{ de } HCO_3^-$$

$$726,2 \cdot \frac{x \: gramas}{y \: litros} \text{ ppm de } HCO_3^-$$

No caso de 1 grama de sal $NaHCO_3$ diluídos em 20 litros de água, resulta:

$$726,2 \cdot \frac{1 \: gramas}{20 \: litros} = 36,31 \text{ ppm de } HCO_3^-$$

EXEMPLO 11 Determine a composição final dos sais da água apresentada na tabela considerando uma adição de três gramas de sulfato de cálcio di-hidratado e de dois gramas de cloreto de cálcio di-hidratado, para uma brassagem de 20 litros.

Dados:

Água disponível na cervejaria.

Ca(+2)	Mg(+2)	HCO3(-1)	Na(+1)	Cl(-1)	SO4(-2)
ppm	ppm	ppm	ppm	ppm	ppm
11	23	21	15	17	13

Do exercício anterior temos:

		Ca(+2)	SO4(-2)
1g Sultafo de Cálcio di-Hidratado em 20 litros		11,6	27,9

		Ca(+2)	Cl(-1)
1g Cloreto de cálcio di-Hidratado em 20 litros		13,6	24,1

Fazendo as devidas multiplicações e somando com os valores iniciais temos:

		Ca(+2)	SO4(-2)
3g Sultafo de Cálcio di-hidratado em 20 litros		34,8	83,7

		Ca(+2)	Cl(-1)
2g Cloreto de Cálcio di-hidratado em 20 litros		27,2	48,2

E assim o resultante final do perfil mineralógico da água é:

Ca(+2)	Mg(+2)	HCO3(-1)	Na(+1)	Cl(-1)	SO4(-2)
ppm	ppm	ppm	ppm	ppm	ppm
73,2	23	21	15	65,2	96,7

EXEMPLO 12 Partindo da composição de sais apresentado na tabela a seguir e considerando uma brassagem com volume inicial de água de 15,13 litros, e da composição de maltes proposta para a cerveja, determine:

A Alcalinidade $CaCO_3$:

a) a dureza total;
b) a Alcalinidade Residual;
c) o pH utilizando a equação da Siebel/Kolbach;
d) o pH utilizando a equação da A. J. deLange /Kolbach;
e) o pH utilizando a equação "EZ Water";
f) plote o resultado no gráfico (Alcalinidade x Dureza) proposto por A. J. deLange e discuta;

Ca(+2)	Mg(+2)	HCO3(-1)	Na(+1)	Cl(-1)	SO4(-2)
ppm	ppm	ppm	ppm	ppm	ppm
93	23	21	15	81	124

Maltes	%	Peso (kg)	Cor em EBC	pH
Malte Pilsen	60%	3,3kg	5	5,75
Malte Pale Ale	36%	1,98kg	7,5	5,70
Malte Cara 120	4%	0,22kg	120	4,62

*Obs.: Os dados dos pHs dos maltes foram retirados do gráfico da página 90 .

a. A Alcalinidade $CaCO_3$

$$[CaCO_3] = \frac{50}{61} \cdot [HCO_3]$$

$$[CaCO_3] = \frac{50}{61} \cdot 21 = 17,21 \, ppm$$

b. A Dureza Total

$$Dureza\ Total = 50 \cdot \left(\frac{[Ca]}{20} + \frac{[Mg]}{12,1}\right)$$

$$Dureza\ Total = 50 \cdot \left(\frac{93}{20} + \frac{23}{12,1}\right) = 327,5 \, ppm$$

c. A Alcalinidade Residual

$$RA = [CaCO_3] - \left[\frac{Ca}{1,4}\right] - \left[\frac{Mg}{1,7}\right]$$

$$RA = [17,21] - \left[\frac{93}{1,4}\right] - \left[\frac{23}{1,7}\right] = -62,75\ ppm$$

d. O pH utilizando a equação da Siebel/Kolbach

$$pH_{Mosto} = 5,59 + \{0,00157 \cdot RA\}$$

$$pH_{Mosto} = 5,59 + \{0,00157 \cdot (-62,75)\} = 5,49$$

e. O pH utilizando a equação da A. J. de Lange /Kolbach

$$pH_{Mosto} = 5,75 + \{0,00168 \cdot RA\}$$

$$pH_{Mosto} = 5,75 + \{0,00168 \cdot (-62,75)\} = 5,64$$

f. O pH utilizando a equação "EZ Water"

$$pH = pH_{ponderado} + \frac{Sr \cdot RA}{50}$$

Onde:

$$RA = [CaCO_3] - \left[\frac{Ca}{1,4}\right] - \left[\frac{Mg}{1,7}\right] - 1173,234 \cdot \frac{V_{AA}}{V_B}$$

$$RA = [17,21] - \left[\frac{93}{1,4}\right] - \left[\frac{23}{1,7}\right] - 1173,234 \cdot \frac{0}{15,13}$$

$$RA = -62,75\ ppm$$

Dado a espessura da brassagem $= \dfrac{15,13\ l}{(3,3+1,98+0,22)kg} = 2,75\ l/kg$ e pelo Gráfico da Página 90 temos Sr = 4,88%

O pH ponderado dos maltes é:

$$pH_{ponderado} = \frac{3,3 \cdot 5,75 + 1,98 \cdot 5,70 + 0,22 \cdot 4,62}{3,3 + 1,98 + 0,22}$$

$$pH_{ponderado} = 5,69$$

Calculando o pH do mosto:

$$pH = 5{,}69 + \frac{4{,}88\% \cdot (-62{,}75)}{50} = 5{,}63$$

g. Plote o resultado do item anterior no gráfico (Alcalinidade x Dureza) proposto por A. J. de Lange e discuta.

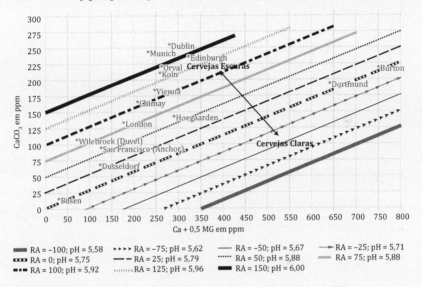

EXEMPLO 13 Partindo da composição de sais apresentada na tabela a seguir, considerando uma brassagem com volume inicial de água de 15,13 litros e da composição de maltes proposta para a cerveja, sabendo que usaremos 1 ml de ácido lático 88%, determine:

a) A Alcalinidade $CaCO_3$;
b) A Dureza Total;
c) A Alcalinidade Residual;
d) O pH utilizando a equação "EZ Water";
e) Plote o resultado no gráfico (Alcalinidade x Dureza) proposto por A. J. de Lange e discuta.

Ca(+2)	Mg(+2)	HCO3(-1)	Na(+1)	Cl(-1)	SO4(-2)
ppm	ppm	ppm	ppm	ppm	ppm
70	6	166	15	38	40

Maltes	%	Peso (kg)	Cor em EBC	pH
Malte Pilsen	60%	3,3kg	5	5,75
Malte Pale Ale	36%	1,98kg	7,5	5,70
Malte Cara 120	4%	0,22kg	120	4,62

*Obs.: Os dados dos pHs dos maltes foram retirados do gráfico da página 90 .

a. A Alcalinidade CaCO₃:

$$[CaCO_3] = \frac{50}{61} \cdot [HCO_3]$$

$$[CaCO_3] = \frac{50}{61} \cdot 166 = 136 \, pp$$

b. A Dureza Total:

$$Dureza\,Total = 50 \cdot \left(\frac{[Ca]}{20} + \frac{[Mg]}{12,1} \right)$$

$$Dureza\,Total = 50 \cdot \left(\frac{70}{20} + \frac{6}{12.1} \right) = 199,8 \, ppm$$

c. A Alcalinidade Residual:

$$RA = [CaCO_3] - \left[\frac{Ca}{1,4} \right] - \left[\frac{Mg}{1,7} \right]$$

$$RA = [136] - \left[\frac{70}{1,4} \right] - \left[\frac{6}{1,7} \right] = 82,47 \, ppm$$

d. O pH utilizando a equação "EZ Water":

$$pH = pH_{ponderado} + \frac{Sr \cdot RA}{50}$$

Onde:

$$RA = [CaCO_3] - \left[\frac{Ca}{1,4} \right] - \left[\frac{Mg}{1,7} \right] - 1173{,}234 \cdot \frac{V_{AA}}{V_B}$$

$$RA = 82{,}47 - 1173{,}234 \cdot \frac{1}{15{,}13}$$

$$RA = 4{,}93 \, ppm$$

Dado a espessura da brassagem = $\frac{15,13\,l}{(3,3+1,98+0,22)kg}$ = 2,75 l/kg e
pelo Gráfico da Página 90 temos Sr = 4,88%

O pH médio dos maltes é:

$$pH_{ponderado} = \frac{3,3 \cdot 5,75 + 1,98 \cdot 5,70 + 0,22 \cdot 4,62}{3,3 + 1,98 + 0,22}$$

$$pH_{ponderado} = 5,69$$

Calculando o pH do mosto:

$$pH = 5,69 + \frac{4,88\% \cdot (4,93)}{50} = 5,69$$

e. Plote o resultado do item anterior no gráfico (Alcalinidade x Dureza) proposto por A. J. de Lange e discuta.

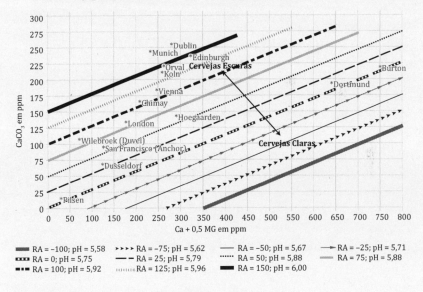

EXEMPLO 14 Determine os volumes de água relativos à brassagem, sabendo: Peso total de Malte – 6,4kg, Volume Final de Cerveja – 20 Litros e Tempo total de Fervura – 1,5 horas.

Volume da água Inicial – (V_I)

V_I = 2,75 . (Peso Total de Malte)

V_I = 2,75 . (6,4 kg) = 17,6 Litros

Volume Absorvido pelos Grãos – (V_{AG})

$$V_{AG} = 0,8 \cdot (\text{Peso Total de Malte})$$
$$V_{AG} = 0,8 \cdot (6,4 \text{ kg}) = 5,12 \text{ Litros}$$

Volume Evaporado na Fervura – (V_E):

$$V_E = 0,1 \cdot (\text{Volume}) \cdot (\text{Tempo em Horas})$$
$$V_E = 0,1 \cdot (20 \text{ Litros}) \cdot (1,5 \text{ horas}) = 3 \text{ Litros}$$

Volume de Lavagem dos Grãos (V_L)

$$V_L = (\text{Volume Total}) + V_E + V_{AG} - V_I$$
$$V_L = 20,0 + 3,0 + 5,12 - 17,6 = 10,52 \text{ Litros}$$

Volume no Início da Fervura (V_{IF})

$$V_{IF} = V_I + V_L - V_{AG}$$
$$V_{IF} = 17,6 + 10,52 - 5,12 = 23 \text{ Litros}$$

PROVA DOS "NOVES"

Volume no Início da Fervura ("menos") – o Volume Evaporado (igual) = Volume Final.

23 Litros – 3 Litros = 20 Litros, existem ainda o fenômeno da retração térmica, trub entre outros que reduziram esse volume final.

Como já mencionado, podemos ainda considerar nesta formulação uma perda de 4% do volume final relativo à retração térmica, uma perda de 0,5% relativo ao trub e perdas diversas que o cervejeiro queira contabilizar, porém esses valores devem ser subtraídos do volume final, gerando assim um volume de cerveja. Tal procedimento de se contabilizar essas últimas perdas "por fora" se faz necessário para a manutenção da densidade original.

Volume de Cerveja (V_c)

$$V_c = \text{Volume} - V_R - V_{Trub} - V_{Outros}$$
$$V_C = 20 - \frac{4}{100} \cdot 20 - \frac{0,5}{100} \cdot 20 - 0$$

$$V_c = 19,1 \text{ litros}$$

LÚPULO

["A GRACIOSIDADE"]

Seria o lúpulo, aquele elemento que trouxe mais graça e alegria à cerveja? Para muitos, sim, uma flor fêmea de uma planta trepadeira de nome científico *humulus lupulus*, que possui, além de sua estrutura vegetal, as glândulas de lupulinas, onde se encontra entre outros as resinas e óleos essenciais da matéria-prima. "Caiu como uma luva" nesta alquimia, refrescou, temperou, tornou a cerveja mais estável e duradoura, definiu novos estilos de cerveja com sua personalidade e textura própria.

Originariamente, as cervejas não apresentavam o lúpulo como um ingrediente essencial na sua produção, e a sua utilização só foi efetivada a partir do século XV e desde então sua presença acrescentou amargor, sabor, aroma e textura à cerveja, além de aumentar a estabilidade biológica, coloidal e da espuma onde seus taninos/polifenóis ajudam na precipitação das proteínas o que resultam cervejas mais claras e límpidas. Atualmente, o lúpulo é fornecido para os cervejeiros em forma de flor (desidratadas), em forma de pellets (prensados) ou em extratos, as microcervejarias e os cervejeiros caseiros utilizam mais frequentemente o lúpulo em pellets, já as macrocervejarias preferem em extratos.

Os óleos essenciais

Variando entre 0,4% a 2,0% do peso total da flor de lúpulo e parte integrante da glândula de lupulina, temos os óleos essenciais. São responsáveis pelos aromas e sabores que o lúpulo adiciona à cerveja, podemos citar alguns destes óleos, Mirceno, Humuleno, Cariofileno, Farneseno, entre outros. Cada variedade de lúpulo apresenta concentrações diferentes destes e isso confere características sensoriais distintas aos mesmos.

O Mirceno é, em muitas variedades de lúpulo, o óleo predominante e geralmente essa caraterística indica uma utilização para lupulagem de amargor, aquela no início da fervura. Há indícios que esse óleo é responsável por notas picantes, amadeiradas, terrosas e até mesmo cítricas. Já o Humuleno está associado aos lúpulos "nobres", pois é o óleo que predomina neste tipo de lúpulo ("Nobres"). Eles são responsáveis pelo aroma e sabor refinado e delicado da flor, há indícios que confere característica picante (*spicy*) e herbal. O Cariofileno confere características amadeirada, terrosa e até mesmo cítrica ao lúpulo e, por fim, o Farnesene, que normalmente aparece em menor quantidade nos lúpulos e confere notas de maça verde, floral, cítrico e amadeirado à flor.

Então, não é preciso lembrar que para a produção de uma cerveja de um estilo específico é necessário: estudar, pesquisar, pensar bem quais lúpulos devem ser usados, pois devemos respeitar as características de aromas e sabores do estilo em questão.

A seguir, apresentamos um guia de características sensoriais de algumas variedades de lúpulos.

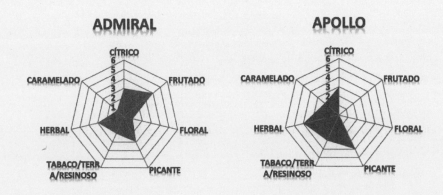

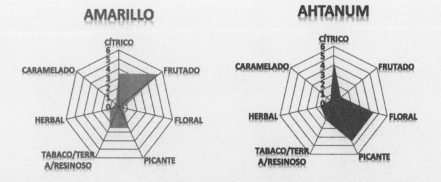

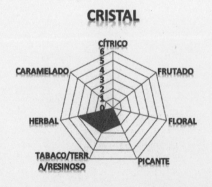

GOLDINGS

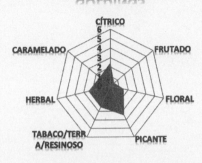

HALLERTAUER BLANC

HALLERTAUER MAGNUM

HALLERTAUER MITTELFRUEH

HALLERTAUER TRADITION

HERSBRUCKER

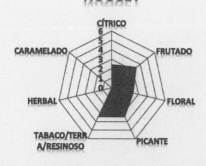

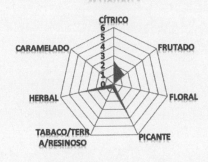

A RESINA

Variando entre 10% a 25% do peso total do lúpulo temos a resina, ela também compõe as glândulas de lupulina e apresentam dois elementos principais os alfa-ácidos (*Humulona*) e os beta-ácidos (*Lupulona*), que possuem eleito antibiótico e bacteriostático favorecendo a atividade da levedura durante a fermentação da cerveja.

A propriedade mais notada do alfa-ácido na cerveja é seu poder de amargar, não na forma estrutural natural encontrada nas glândulas de lupulinas, mas numa forma modificada, isomerizada.

Os alfa-ácidos em temperatura ambiente são praticamente insolúvel e quase não agregam amargor à cerveja. No entanto, diante de uma fonte de calor, esses ácidos sofrem uma transformação, denominada isomerização, ou seja, as moléculas rearranjam, sofrendo as chamadas transformações CIS e TRANS, e mantendo seu peso molecular, neste momento os alfa-ácidos passam a ser denominados de iso-alfa-ácido e esse sim tem poder amargante.

Já os beta-ácidos não isomerizam durante a fervura, portanto são praticamente insolúveis ao mosto e têm um efeito praticamente desprezível no que se refere ao amargor da cerveja, sua contribuição não chega a 10%. A seguir, uma tabela com valores nominais dos alfa-ácidos em porcentagem para cada tipo de lúpulo. É importante notar que para o cálculo do IBU devemos seguir o valor indicado na embalagem do fornecedor de lúpulo, pois existe variação de safra para safra.

Lúpulos	Alfa - Ácidos (%)	Substitutos
Ahtanum	5,7 - 6,3	Amarillo, Cascade
Amarillo	8,0 - 11,0	Ahtanum, Cascade
Cascade	4,0 - 7,1	Amarillo, Centennial
Centennial	9,0 - 12,0	Cascade, Chinnok, Columbus
Chinook	11,0 - 14,0	Galena, Nugget
Citra	10,0 - 12,0	Centenial, Columbus
Columbus	12,0 - 16,0	Northen Brew, Centenial, Nugget
Fuggle	4,0 - 5,0	Willamette
Galaxy	13,0 - 14,8	Centenial, Simcoe
Galena	12,0 - 14,0	Nugget
Goldings	4,0 - 6,0	U.K. Goldings
Hallertauer Magnum	12,0 -14,0	Northern Brewer
Hallertauer Tradition	3,5 -5,5	Hersbrucker
Hersbrucker	2,5 - 5,5	Hallertauer Tradition, Mount Hood
Mount Hood	4,0 - 8,0	Nugget
Nelson Sauvin	12,0 - 13,0	Hallertauer Blanc
Northern Brewer	7,0 - 10,0	Chinook
Nugget	11,0 - 14,5	Columbus, Galena

Lúpulos	Alfa - Ácidos (%)	Substitutos
Perle	5,0 - 9,0	Northen Brew
Saaz	2,5 - 4,5	Tettnanger
Simcoe	12,0 - 14,0	Cascade
StyrianGolding	4,5 - 6,0	Fuggle, Willamette
Summit	17, 0 - 20,0	Simcoe
Tettnanger	3,5 - 5,0	Saaz
Willamette	3,5 - 6,0	Northen Brewer, Nugget
Apollo	15 - 19	Zeus, Nugget
Bravo	14 - 17	Chinook, Centenial
Cluster	5 - 8,5	Galena
Cristal	2,5 - 4,0	Mount Hood, Hallertauer Mittelfrueh
Hallertauer Mittelfrueh	3,0 - 5,5	Hallertauer Tradition
Spalter	2,5 - 5,5	Tettnanger, Saaz e Lubin
Sterling	4,0 - 6,0	Mount Hood, Saaz
Progress	5,0 - 7,0	Fuggle, Goldings
Challenger	5,0 - 9,0	Perle, Northern Brewer, Progress
Premiant	8,0 - 12,5	-
Lublin	3,0 - 4,5	Tettnanger, Saaz e Spalter
Target	8,0 - 13,0	Fuggle, Willamette
Admiral	11,0 - 15,0	Challenger, Target
Pride of Ringwood	7,0 -10,0	Cluster
Sládek	4,5 - 8,5	Saaz, Lubin
Northdown	6,0 - 10,0	Challenger, Northern Brewer e Admiral
Hallertauer Taurus	12,0 - 17,0	Hallertauer Magnum
Hallertauer Blanc	9,0 -12,0	Nelson Sauvin
Zeus	15,0 - 17,0	Galena, Nugget e Chinook

O IBU

À medida em que os iso-alfa-ácidos introduzem amargor à cerveja, faz-se necessário uma escala adequada, bem como métodos de cálculo e experimentos para a sua mensuração. Neste ponto atentaremos a essa unidade de amargor, bem como os métodos de cálculos tradicionais para a sua determinação.

Como já foi explicado anteriormente, o amargor está diretamente ligado ao lúpulo, mais especificamente aos alfa-ácidos característicos de cada variedade. A unidade de medida do amargor é o International Bitterness Unit (IBU), sendo de imprescindível importância sua determinação, pois cada estilo de cerveja requer uma faixa de amargor (IBU) específica.

O IBU, significa 1 ppm (parte por milhão) de iso-alfa-ácido ou 1mg (miligrama) de iso-alfa-ácido diluído em 1 litro de cerveja.

Utilizaremos cinco métodos para estimativa do IBU:

a) Ranger;

b) Mosher;

c) Tinseth;

d) Daniels;

e) Garetz.

Discutiremos suas formulações, formas de aplicar e peculiaridades de cada método.

Intuitivamente, a partir das informações deste capítulo, pode-se concluir que uma cerveja é mais amarga, na medida em que tiver mais lúpulo, mais ácido-alfa e mais tempo de fervura ("isomerização"), e menos amargor quanto mais volume de mosto existir, pois diluiria os iso-alfa-ácidos. De fato, as afirmações anteriores são verdadeiras e diante disso o equacionamento geral para o cálculo do IBU no sistema métrico é dado por:

$$IBU = \frac{0,1 \cdot Fator\ de\ Utilização\ \cdot AA\% \cdot Peso\ de\ Lupulo}{Volume\ (l)\ \cdot\ C} \qquad [36]]$$

Onde: AA% - Ácidos Alfa característico de cada lúpulo, C – fator de Ponderação ligado a densidade original.

O fator de ponderação (C) nos leva a um raciocínio interessante, tendo em vista que ele é inversamente proporcional ao IBU e diretamente proporcional à densidade original OG, podemos concluir que tal paramento equaciona o dulçor dos açúcares com o amargor do lúpulo, ou seja, cervejas mais densas naturalmente apresentam um menor amargor e o contrário também é verdadeiro, pelo menos sensorialmente é assim que se apresenta, na formulação também.

Basicamente o que varia de método para método supracitado são os fatores de utilização e o C – fator de ponderação. É importante ressaltar que esses gráficos foram desenvolvidos para os lúpulos na forma de pellets.

a) Método simplificado para a determinação do Peso Total de Lúpulo:

Na maioria das rotinas encontradas para a determinação do amargor em IBU, você deve ter previamente os lúpulos que serão usados, os tempos e os fatores de utilização e os alfa-ácidos dos lúpulos, e seu problema passa a ser de "tentativa e erro", pois você escolhe os pesos de cada lúpulo e calcula o IBU pelas diversas fórmulas conhecidas e compara com o IBU prescrito inicialmente.

Mas como fazer um chute inicial deste peso de lúpulo com maior precisão?

Para isso faremos algumas hipóteses:

- Será considerado fator de utilização do lúpulo igual a 25%, para os tempos igual ou superior a 30 minutos.
- Será considerado fator de utilização do lúpulo igual a 10%, para os tempos entre 10 minutos a 30 minutos, incluindo os 10 minutos e excluindo os 30 minutos.
- Será considerado fator de utilização do lúpulo igual a 0%, para os tempos inferiores a 10 minutos.

Partindo do equacionamento (13), apresentamos o cálculo do peso total de lúpulo (chute inicial).

$$Peso\ Total\ (gramas) = \frac{C \cdot Volume \cdot IBU}{\tau} \qquad \textbf{[37]}$$

Onde:

$$\tau = \frac{2{,}5 \cdot \sum \alpha \cdot AA\% + \sum \beta \cdot AA\%}{100} \qquad [38]$$

Onde: α e β são as porcentagens usadas em cada lupulagem, respeitando, α – para tempos superiores a 30 minutos, e β – para tempos entre 10 minutos a 30 minutos.

E o fator de ponderação C é dado pelo gráfico a seguir, em função da densidade original OG.

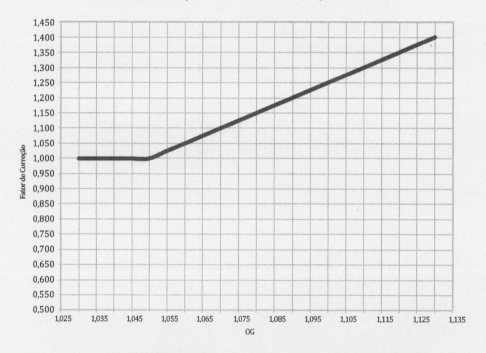

Fator de correção com a densidade – Simplificado C

A partir do peso inicial mostrado no item anterior, determinamos o IBU pelos vários métodos com a finalidade de verificar o quão próximos estão do valor desejado ou prescrito para o estilo de cerveja escolhido. A seguir descreveremos as equações e gráficos de cada um.

b) Ranger – Jacki Rager's Zymurgy:

Publicado em 1990, *Calculating Hop Bitterness* em Beer, Zymurgy Special Issue, n°4.

Equação Geral:

$$IBU = \frac{0{,}1 \cdot Fator\ de\ Utilização\ \cdot AA\%\ \cdot Peso\ do\ Lúpulo}{Volume\ (l)\ \cdot C_1} \quad [39]$$

O fator de ponderação C_1 é conseguido a partir da fórmula a seguir:

$$BG = \frac{Volume\ Final}{Volume\ da\ Fervura} \cdot (OG - 1) + 1 \quad [40]$$

E posterior leitura no gráfico da página 124.

Obs.: Onde esse Volume Final é o volume de cerveja a ser produzido e o volume de fervura é o volume no início da fervura.

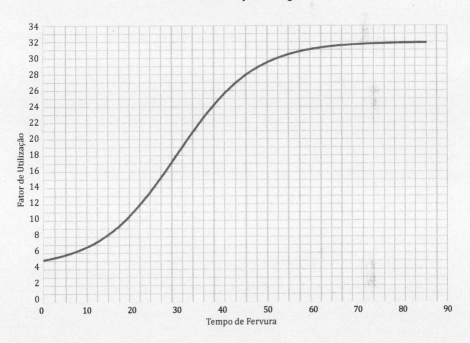

Fator de Utilização - Ranger

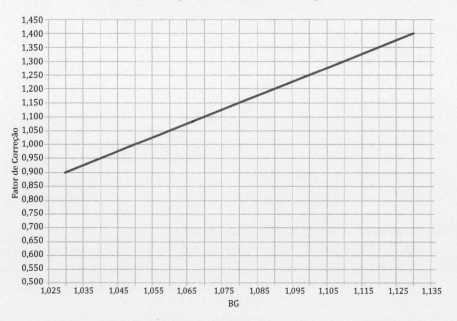

c) Mosher – Randy Mosher

Publicado em The Brewer's Companion Alephenalla Press, 1994.

Equação geral:

$$IBU = \frac{0{,}1 \cdot Fator\ de\ Utilização\ \cdot AA\%\ \cdot Peso\ do\ Lúpulo}{Volume\ (l)\ \cdot C_2} \quad [41]$$

O fator de ponderação C_2 é conseguido a partir da fórmula a seguir:

$$BG = \frac{Volume\ Final}{Volume\ da\ Fervura} \cdot (OG - 1) + 1 \quad [42]$$

E posterior leitura no gráfico da página 125.

Obs.: Onde esse Volume Final é o volume de cerveja a ser produzido e o volume de fervura é o volume no início da fervura.

Fator de Utilização - Mosher

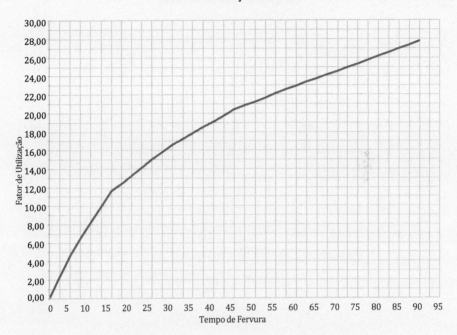

Fator de Correção com a Densidade - Mosher - C2

d) Tinseth – Glenn Tinseth

Publicado em *Norm Pyle's Hop FAQ* em 1997.

Equação Geral:

$$IBU = \frac{0{,}1 \cdot Fator\ de\ Utilização\ \cdot AA\%\ \cdot Peso\ do\ Lúpulo}{Volume\ (l)\ \cdot C_3} \quad [43]$$

O fator de ponderação C_3 é conseguido a partir da fórmula a seguir:

$$BG = \frac{Volume\ Final}{Volume\ da\ Fervura} \cdot (OG - 1) + 1 \quad [44]$$

E posterior leitura no gráfico da página 127.

Obs.: Onde esse Volume Final é o volume de cerveja a ser produzido e o volume de fervura é o volume no início da fervura.

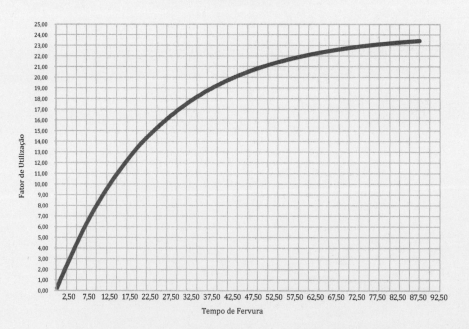

Fator de Utilização - Tinseth

Fator de Correção com a Densidade - Tinseth - C3

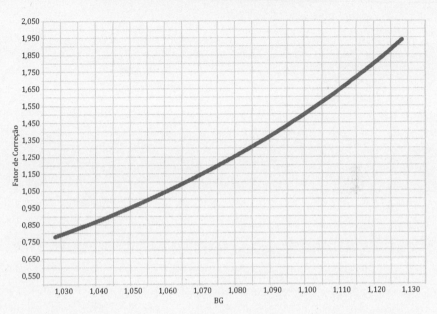

e) Daniels – Ray Daniels

Publicado em *Designing Great Beers, Brewers Publications*, 1996.

Equação Geral:

$$IBU = \frac{0,1 \cdot Fator\ de\ Utilização\ \cdot AA\%\ \cdot Pes\ do\ Lúpulo}{Volume\ (l)\ \cdot C_4} \quad [45]$$

O fator de ponderação C_4 é conseguido a partir da fórmula a seguir:

$$BG = \frac{Volume\ Final}{Volume\ da\ Fervura} \cdot (OG - 1) + 1 \quad [46]$$

E posterior leitura no gráfico da página 128.

Obs.: Onde esse Volume Final é o volume de cerveja a ser produzido e o volume de fervura é o volume no início da fervura.

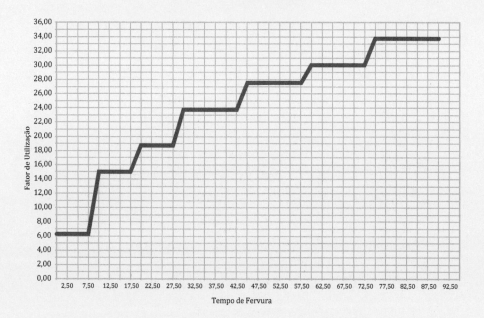

Fator de Utilização - Daniels

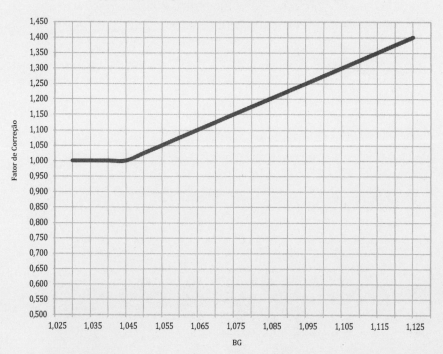

Fator de Correção com a Densidade - Daniels - C4

f) Garetz – Mark Garetz

Publicado em *Using Hop, The Complete Guide to Hops for the Craft Brew, Hop Tech*, 1994.

Equação Geral:

$$IBU = \frac{0,1 \cdot Fator\ de\ Utilização\ \cdot AA\% \cdot Peso\ do\ Lúpulo}{Volume\ (l)\ \cdot\ C_5} \qquad \textbf{[47]}$$

É o mais complexo de todos os métodos no que se refere a sua aplicação, pois além do fator de ponderação ligado com a densidade original, Garetz considera outros fatores, tais como:

a. Fator de lupulagem:

Garetz sugere que quanto mais lúpulo se adiciona na fervura, o fator de utilização vai diminuindo, ou seja, quanto mais lúpulo adicionarmos ao mosto, menos isomerização se realiza.

$$H_F = 1 + \left(\frac{Volume\ Final}{Volume\ no\ Inicio\ da\ Fervura}\right) \cdot \left(\frac{IBU}{260}\right) \qquad \textbf{[48]}$$

Onde o IBU do HF, será um IBU inicial (é o requerido, nosso alvo pré-definido no início da receita) este fato impõe ao método um caráter iterativo de solução.

b. Fator de altitude:

Observe que a temperatura de fervura varia com a altitude local da produção da cerveja, em altitudes elevadas a temperatura de ebulição é mais baixa, e tal fato diminui o fator de utilização do ácido alfa. Nesse sentido, Garetz desenvolveu a equação a seguir para essa correção, mas vale lembrar que o próprio destaca que na prática não há a necessidade de se preocupar com este fator.

$$T_F = \frac{Alt\ (m)}{168} \cdot 0,02 + 1 \qquad \textbf{[49]}$$

c. Fator da densidade original:

Esse é o fator ligado à densidade original comum a todos os métodos, não com mesmo equacionamento, a exceção é o de Garetz que segue a formulação de Rager, mas a denominação utilizada é GF.

$$BG = \frac{Volume\ Final}{Volume\ da\ Fervura} \cdot (OG - 1) + 1 \quad [50]$$

E posterior leitura no gráfico da página 131.
Por fim,

$$C_5 = G_F \cdot H_F \cdot T_F \quad [51]$$

d. Considerações finais:

Garetz ainda estudou fatores de correções ligados à fermentação, maturação e filtragem da cerveja, a utilização de bag ou não na hora da adição do lúpulo, lúpulo na forma de pellets ou não, no entanto tais fatores são de menor importância e impacto no resultado.

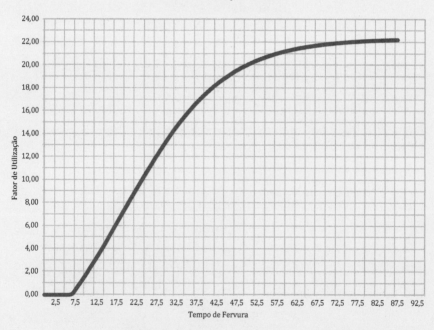

Fator de Utilização - Garetz

Fator de Correção com a Densidade - Garetz

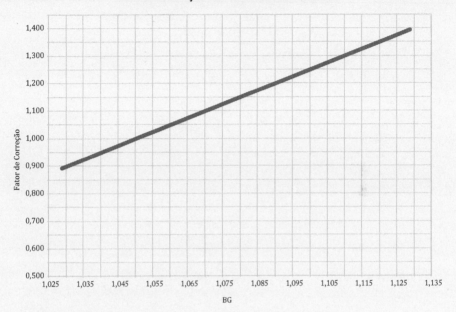

EXEMPLO 15 Determine o Peso Total de Lúpulo, a partir do método simplificado, dados: IBU (requerido) = 43,5.

Volume Final de Cerveja = 18,9 Litros

Densidade Original Requerida (OG) = 1,050

60% de Lúpulo 1 – com AA% = 6,4%; Tempo de fervura = 45 Min do fim.

40% de Lúpulo 2 – com AA% = 5,0%; Tempo de fervura = 15 Min do fim.

Solução:

$$\tau = \frac{2{,}5 \cdot \sum A\% + \sum \beta \cdot AA\%}{100}$$

$$\tau = \frac{2{,}5 \cdot 60 \cdot 6{,}4 + 40 \cdot 5{,}0}{100} = 11{,}6$$

$$Peso\,Total\,(gramas) = \frac{C \cdot Volume \cdot IBU}{\tau}$$

Pelo gráfico da página 122 temos $C = 1$:

$$Peso\ Total\ (gramas) = \frac{1 \cdot 18,9 \cdot 43,5}{11,6}$$

$$= 70,87g$$

Lúpulo 1 - 60% * 70,87g = 42,52g;

Lúpulo 2 - 40% * 70,87g = 28,35g.

EXEMPLO 16 Determine o amargor em IBU final da cerveja para uma brassagem com os seguintes dados:

Volume Antes da Fervura = 24,6 Litros;

Volume Final de Cerveja = 18,9 Litros;

Densidade Original Requerida (OG) = 1,050;

Lúpulo 1 – Peso = 42,52g; AA% = 6,4%; Tempo de fervura = 45min do fim;

Lúpulo 2 – Peso = 28,35g; AA% = 5,0%; Tempo de fervura = 15min do fim;

Altitude da Brassagem = 762m.

Resolva pelos métodos:

a) Ranger;

b) Mosher;

c) Tinseth;

d) Daniels;

e) Garetz.

Solução:

a) Ranger:

$$IBU = \frac{0,1 \cdot Fator\ de\ Utilização \cdot AA\% \cdot Peso\ do\ Lúpulo}{Volume\ (l) \cdot C_1}$$

$$BG = \frac{Volume\ Final}{Volume\ da\ Fervura} \cdot (OG - 1) + 1$$

$$BG = \frac{18,9}{24,6} \cdot (1,050 - 1) + 1 = 1,038$$

Pelo gráfico da página xx65 temos $C_1 = 0,94$

Para o tempo = 45min o fator de utilização = 26,90% (página 123).

$$IBU = \frac{0,1 \cdot 26,90 \cdot 6,4 \cdot 42,52}{18,9 \cdot 0,94} = 41,20$$

Para o tempo = 15min o fator de utilização = 8,23% (página 123).

$$IBU = \frac{0,1 \cdot 8,23 \cdot 5,0 \cdot 28,35}{18,9 \cdot 0,94} = 6,57$$

Amargor Total = 41,20 + 6,57 = 47,8 IBU

b) Mosher:

$$IBU = \frac{0,1 \cdot Fator\ de\ Utilização \cdot AA\% \cdot Peso\ do\ Lúpulo}{Volume\ (l) \cdot C_2}$$

$$BG = \frac{Volume\ Final}{Volume\ da\ Fervura} \cdot (OG - 1) + 1$$

$$BG = \frac{18,9}{24,6} \cdot (1,050 - 1) + 1 = 1,038$$

Pelo gráfico da página 125 temos $C_2 = 0,97$

Para o tempo = 45min o fator de utilização = 20,40% (página 125).

$$IBU = \frac{0,1 \cdot 20,40 \cdot 6,4 \cdot 42,52}{18,9 \cdot 0,97} = 30,28$$

Para o tempo = 15min o fator de utilização = 11,60% (página 125).

$$IBU = \frac{0,1 \cdot 11,6 \cdot 5,0 \cdot 28,35}{18,9 \cdot 0,97} = 8,97$$

Amargor Total = 30,28 + 8,97 = 39,25 IBU

c) Tinseth

$$IBU = \frac{0,1 \cdot Ftor\ de\ Utilização \cdot AA\% \cdot Peso\ do\ Lúpulo}{Volume\ (l) \cdot C_3}$$

$$BG = \frac{Volume\ Final}{Volume\ da\ Fervura} \cdot (OG - 1) + 1$$

$$BG = \frac{18,9}{24,6} \cdot (1,050 - 1) + 1 = 1,038$$

Pelo gráfico da página 127 temos $C_3 = 0,853$

Para o tempo = 45min o fator de utilização = 20,10% (página 126).

$$IBU = \frac{0,1 \cdot 20,10 \cdot 6,4 \cdot 42,52}{18,9 \cdot 0,853} = 33,93$$

Para o tempo = 15min o fator de utilização = 10,87% (página 126).

$$IBU = \frac{0,1 \cdot 10,87 \cdot 5,0 \cdot 28,35}{18,9 \cdot 0,853} = 9,56$$

Amargor Total = 33,93 + 9,56 = 43,49 IBU

d) Daniels

$$IBU = \frac{0,1 \cdot Fator\ de\ Utilização \cdot AA\% \cdot Peso\ do\ Lúpulo}{Volume\ (l) \cdot C_4}$$

$$BG = \frac{Volume\ Final}{Volume\ da\ Fervura} \cdot (OG - 1) + 1$$

$$BG = \frac{18,9}{24,6} \cdot (1,050 - 1) + 1 = 1,038$$

Pelo gráfico da página 128 temos $C_4 = 1,0$

Para o tempo = 45min o fator de utilização = 27,5% (página 128).

$$IBU = \frac{0,1 \cdot 27,5 \cdot 6,4 \cdot 42,52}{18,9 \cdot 1,0} = 39,59$$

Para o tempo = 15min o fator de utilização = 15,0% (página 128).

$$IBU = \frac{0,1 \cdot 15 \cdot 5,0 \cdot 28,35}{18,9 \cdot 1,0} = 11,25$$

Amargor Total = 39,59 + 11,25 = 50,8 IBU

e) Garetz

$$IBU = \frac{0,1 \cdot Fator\ de\ Utilização\ \cdot AA\% \cdot Peso\ do\ Lúpulo}{Volume\ (l)\ \cdot\ C_5}$$

e

$C_5 = G_F \cdot H_F \cdot T_F$

Cálculo de G_F

$$BG = \frac{Volume\ Final}{Volume\ da\ Fervura} \cdot (OG - 1) + 1$$

$$BG = \frac{18,9}{24,6} \cdot (1,050 - 1) + 1 = 1,038$$

Pelo gráfico da página 130 temos $G_F = 0,94$

Cálculo de H_F

$$H_F = 1 + \left(\frac{Volume\ Final}{Volume\ no\ Início\ da\ Fervura}\right) \cdot \left(\frac{IBU}{260}\right)$$

$$H_F = 1 + \left(\frac{18,9}{24,6}\right) \cdot \left(\frac{IBU}{260}\right)$$

$$H_F = 1 + 0,768 \cdot \left(\frac{IBU}{260}\right)$$

Cálculo de T_F

$$T_F = \frac{Alt\ (m)}{168} \cdot 0,02 + 1$$

$$T_F = \frac{762m}{168} \cdot 0,02 + 1 = 1,09$$

$$IBU = \frac{0,1 \cdot Fator\ de\ Utilização \cdot AA\% \cdot Peso\ do\ Lúulo}{Volume\ (l) \cdot C_5}$$

Para t = 45min – Fator de Utilização de Garetz = 18,36%.

Para t = 15min – Fator de Utilização de Garetz = 3,22%. (Página 130)

$$IBU = \frac{0,1 \cdot \{18,36 \cdot 6,4 \cdot 42,52 + 3,22 \cdot 5,0 \cdot 28,35\}}{0,94 \cdot 1,09 \cdot \left[0,768 \cdot \left(\frac{IBU}{260}\right) + 1\right] \cdot 18,9}$$

$$IBU = \frac{28,158}{\left[0,768 \cdot \left(\frac{IBU}{260}\right) + 1\right]}$$

Observa-se que esse processo é iterativo e o chute inicial será o IBU prescrito (mesmo do exercício 15) = 43,5.

1° Iteração:

$$IBU = \frac{28,158}{\left[0,768 \cdot \left(\frac{43,5}{260}\right) + 1\right]} = 24,95\ IBU$$

2° Iteração:

$$IBU = \frac{28,158}{\left[0,768 \cdot \left(\frac{24,95}{260}\right) + 1\right]} = 26,22\ IBU$$

3° Iteração:

$$IBU = \frac{28,158}{\left[0,768 \cdot \left(\frac{26,22}{260}\right) + 1\right]} = 26,13\ IBU$$

4° Iteração:

$$IBU = \frac{28,158}{\left[0,768 \cdot \left(\frac{26,13}{260}\right) + 1\right]} = 26,14\ IBU$$

5° Iteração:

$$IBU = \frac{28{,}158}{\left[0{,}768 \cdot \left(\frac{26{,}14}{260}\right) + 1\right]} = 26{,}14\ IBU$$

Com a convergência para 26,14 IBU finalizamos as iterações.

EXEMPLO 17 Compare os resultados obtidos em cada método de cálculo de amargor com o valor prescrito inicialmente para IBU e descreva suas conclusões. Faça as devidas correções nos pesos de lúpulo de tal forma que Mosher e Daniels atinjam o valor prescrito de forma exata.

Prescrito	43,5 IBU
Ranger	47,8 IBU
Mosher	39,25 IBU
Tinseth	43,5 IBU
Daniels	50,8 IBU
Garetz	26,14 IBU
Média dos 5 métodos	40,6 IBU
Média só dos extremos	38,47 IBU
Média sem os extremos	42,03 IBU

Daniels se coloca no extremo superior e Garetz como extremo inferior, e Ranger, Mosher e Tinseth interno a esse intervalo. O valor prescrito 43,5 IBU coincide com o valor calculado pelo método de Tinseth e se aproxima da média dos valores sem a utilização dos valores extremos.

Dado:

Volume Antes da Fervura = 24,6 Litros;

Volume Final de Cerveja = 18,9 Litros;

Densidade Original Requerida (OG) = 1,050.

1° Correção: Mosher

A intensão deste processo é recalcular os pesos de lúpulo de tal forma que Mosher apresente o resulto exato exigido pelo enunciado, uma vez que a princípio seu valor foi inferior. Neste caso, o procedimento é fazer uma regra de três e determinar uma porcentagem que será utilizada para maximizarmos ou minimizarmos os pesos de lúpulo calculados no exercício anterior e em seguida recalculamos o amargor pelo referido método com a finalidade de conferência.

Solução por Mosher:

	IBU	%
Mosher	39,25	100
Prescrito	43,5	x

Portanto:

$$x = \frac{43,5 \cdot 100}{39,25} = 110,83\%$$

Lúpulo 1 – Peso = 42,52g; AA% = 6,4%; Tempo de fervura = 45min do fim.

Lúpulo 2 – Peso = 28,35g; AA% = 5,0%; Tempo de fervura = 15min do fim.

Novo Peso

Lúpulo 1 – Peso = 42,52g. 110,83% = 47,12g.

Lúpulo 2 – Peso = 28,35g. 110,83% = 31,42g.

Conferindo o cálculo.

$$IBU = \frac{0,1 \cdot Fator\ de\ Utilização \cdot AA\% \cdot Peso\ do\ Lúpulo}{Volume\ (l) \cdot C_2}$$

$$BG = \frac{Volume\ Final}{Volume\ da\ Fervura} \cdot (OG - 1) + 1$$

$$BG = \frac{18,9}{24,6}$$

$$\cdot (1,050 - 1) + 1 = 1,038$$

Pelo gráfico da página 125 temos C_2 = 0,97

Para o tempo = 45min o fator de utilização = 20,40% (página 125).

$$IBU = \frac{0,1 \ \cdot \ 20,40 \ \cdot \ 6,4 \ \cdot 47,12}{18,9 \ \cdot 0,97} = 33,56$$

Para o tempo = 15min o fator de utilização = 11,60% (página 125).

$$IBU = \frac{0,1 \ \cdot \ 11,6 \ \cdot \ 5,0 \ \cdot 31,42}{18,9 \ \cdot 0,97} = 9,94$$

Amargor Total = 33,56 + 9,94 = 43,5 IBU – Amargor Correto!

2° Correção: Daniels

A intensão deste processo é recalcular os pesos de lúpulo de tal forma que Daniels apresente o resulto exato exigido pelo enunciado, uma vez que a princípio seu valor foi superior. Assim como no caso anterior o procedimento é fazer uma regra de três e determinar uma porcentagem que será utilizada para maximizarmos ou minimizarmos os pesos de lúpulo calculados no exercício anterior e em seguida recalculamos o amargor pelo referido método com a finalidade de conferência.

Solução por Daniels:

	IBU	%
Mosher	50,80	100
Prescrito	43,5	x

Portanto

$$x = \frac{43,5 \cdot 100}{50,80} = 85,63\%$$

Lúpulo 1 – Peso = 42,52g; AA% = 6,4%; Tempo de fervura = 45min do fim.

Lúpulo 2 – Peso = 28,35g; AA% = 5,0%; Tempo de fervura = 15min do fim.

Novo Peso

Lúpulo 1 – Peso = 42,52g. 85,63% = 36,41g.

Lúpulo 2 – Peso = 28,35g. 85,63% = 24,28g.

Conferindo o cálculo:

$$IBU = \frac{0,1 \cdot Fator\ de\ Utilização\ \cdot AA\%\ \cdot Peso\ do\ Lúpulo}{Volume\ (l)\ \cdot\ C_4}$$

$$BG = \frac{Volume\ Final}{Volume\ da\ Fervura} \cdot (OG - 1) + 1$$

$$BG = \frac{18,9}{24,6} \cdot (1,050 - 1) + 1 = 1,038$$

Pelo gráfico da página 128 temos C_4=1,0

Para o tempo = 45min o fator de utilização = 27,5% (página 128).

$$IBU = \frac{0,1 \cdot 27,5 \cdot 6,4 \cdot 36,41}{18,9 \cdot 1,0} = 33,9$$

Para o tempo = 15min o fator de utilização = 15,0% (página 128).

$$IBU = \frac{0,1 \cdot 15 \cdot 5,0 \cdot 24,28}{18,9 \cdot 1,0} = 9,6$$

Amargor Total = 33,9 + 9,6 = 43,5 IBU.

LUPULAGEM AVANÇADA

Os métodos mostrados na seção anterior, denominados aqui de métodos tradicionais, apresentam restrições quanto seu uso, porque eles determinam o amargor em IBU, somete para as lupulagens realizadas durante a etapa de fervura, contabilizando apenas o amargor gerado pelos iso-α-ácidos e não prevendo a deterioração desses iso-α-ácidos ao longo processo. Mesmo assim não é algo tão ruim como possa parecer, pois os resultados são confiáveis e suas formulações são de fácil utilização. Recentemente aparecerem métodos capazes de contabilizar o amargor de lúpulos adicionados na pré-fervura (*First Wort Hopping*), durante a fervura (*Mash Hopping*) e pós-fervura (*whirlpool*) verificando não somente a taxa de isomerização, mas também a taxa de degradação dos iso-α-ácidos. Para o *dry-hopping* apareceram teorias que contabilizam incrementos de amargor originário de substâncias geradas a partir da oxidação do alfa-ácido do lúpulo e são sobre esses métodos que conversarmos agora, mas reafirmo que do ponto de vista do cálculo cervejeiro os métodos tradicionais apresentados anteriormente são os mais difundidos, utilizados e suficientes.

DRY-HOPPING

Começaremos pelos trabalhos publicados recentemente sobre incrementos de amargor gerado a partir do *dry-hopping*.

Dry-hopping é uma técnica de lupulagem em que consiste adicionar os lúpulos secos direto na cerveja durante sua fase de maturação, objetivando destacar os aromas e sabores que esse lúpulo pode proporcionar através dos seus óleos essenciais, que não são evaporados e sim absorvidos ao longo do tempo pela cerveja. Num primeiro olhar, tal técnica não agrega amargor, pois os estudos indicavam que o principal elemento amargante da cerveja é oriundo dos iso-α-ácidos, que nada mais são, do que os alfa-ácidos dos lúpulos isomerizados. Como a isomerização só pode ocorrer em temperaturas próximas a 100°C a lógica indica que o *dry-hopping* não agrega valor no amargor, só acentua os aromas e sabores à cerveja. Em 2016 foram publicados os seguintes trabalhos *Humulinone Formation in Hops and Hop Pellets and Its Implications for Dry Hopped Beers* e *Dry Hopping and Its Effects on the International Bitterness Unit Test and Beer Bitterness"* que entre outras constatações, observaram que os alfas-ácidos dos lúpulos podem sim oxidar, mesmo que indesejável seja, e após essa transformação, os alfas-ácidos passam a ser denominados humulinonas e apresentam estrutura semelhante as dos iso-α-ácidos, são solúveis e amargante.

Enfim, os alfa-ácidos podem isomerizar e se transformar em iso-α--ácidos ou também pode oxidar e se transformar em humulinonas, sendo que o primeiro só acontece em fervura.

Iso-α-acids   Alpha Acids   Humulinones

iso-α-ácidos alfas-ácidos humulinonas

Observe a semelhança na estrutura dos compostos orgânicos apresentados na figura acima, notem a diferença, os iso-α-ácidos apresentam uma molécula de hidrogénio na sua composição, já as humulinonas apresentam uma molécula hidroxila na sua composição, mas estruturalmente são muito parecidos. Outra constatação do trabalho publicado, foi que as humulinonas apresentam poder amargante igual a 66% do valor relativo aos iso-α-ácidos, ou seja, 1 ppm de humulinona seria igual a 0,66 IBUs, resultando na seguinte equação:

Amargor(IBU) = ppm(iso-α-acidos) + 0,66.ppm(humulinonas) [52]

Essa equação foi refinada e incluído um termo relativo ao poder amargante do próprio alfa-ácido do lúpulo adicionado no *dry-hopping*, que se estima ser de 10% do valor relativo aos iso-α-ácidos, resultando na seguinte equação:

Amargor (IBU) = ppm(iso-α-ácidos) + 0,10.ppm(α-ácidos) + 0,66. ppm(humulinonas) [53]

Portanto o estudo revela que as três moléculas orgânicas mostrada na figura anterior, de alguma forma contribui para o amargor da cerveja. Em fevereiro e março de 2017 a Hopsteiner publicou dois pequenos artigos de uma lauda cada, com os títulos: *Dry Hopping Low IBU Beers And Its Effect On Beer Bitterness* e *Dry Hopping High IBU Beers And Its Effect On Beer Bitterness* exemplificando a utilização desse conceito e estabelecendo uma controversa.

O experimento consistia em fazer um *dry-hopping* de lúpulo Cascade com 0,26% de humulinona e 5,6% de alfa-ácidos em duas cervejas distintas, uma com 20 IBU de amargor (prescrito) e outra com 40 IBU de amargor (prescrito) nas seguintes dosagens 0kg/hl, 0,191kg/hl, 0,381kg/hl e 0,762kg/hl depois de pronta mediu-se em laboratório, através da High Performance Liquid Chromatography, os valores dos alfa-ácidos, dos iso-α-ácidos e das humulinonas, que são apresentadas nas duas tabelas a seguir, em posse destes dados pôde-se calcular o amargor em IBU pela equação proposta nesta seção e por fim comparou-se esses resultados com os IBU prescritos.

- Cerveja com amargor = 20 IBU prescrito -			
Dosagem (kg/hl)	*Iso-α-ácidos (ppm)	*Alfa-ácidos (ppm)	*Humulinonas (ppm)	**Resultado (ppm)
0	15	0	0	15
0,191	12	8	9	18,74
0,381	11	14	18	24,28
0,762	10	26	28	31,08

- Cerveja com amargor = 40 IBU prescrito -			
Dosagem (kg/hl)	*Iso-α-ácidos (ppm)	*Alfa-ácidos (ppm)	*Humulinonas (ppm)	**Resultado (ppm)
0	51	9	4	54,54
0,191	42	22	10	50,8
0,381	29	27	14	40,94
0,762	25	35	23	43,68

*Valores de laboratório
** Calculado pela Fórmula Amargor (IBU) = ppm(iso-α-ácidos) + 0,10.ppm(α-ácidos) + 0,66.ppm(humulinonas)

A conclusão básica do artigo é que o *dry-hopping* pode gerar mais incremento de amargor em cervejas com "baixo" amargor prescrito ou baixa quantidade de lúpulo adicionado na fase de fervura, relativamente às cervejas com "alto" amargor prescrito ou alta quantidade de lúpulo adicionado na fase de fervura, provavelmente esses resultados podem variar de experimento para experimento. Conclusivamente só podemos afirmar que o amargor é sim influenciado pelo *dry-hopping*, ora elevando, ora reduzindo esse valor. É necessário notar o espaço amplo para novas pesquisas nesta área (influência do *dry-hopping* no amargor final das cervejas) e que a equação que contabiliza os valores dos alfa-ácidos, dos iso-α-ácidos e das humulinonas no amargor final deve ser empregado em resultados laboratoriais, portanto, é de pouca relevância para nós, quando nos referimos a cálculo cervejeiro para a elaboração.

LUPULAGEM PRÉ-FERVURA [*FIRST WORT HOPPING*], LUPULAGEM NA FERVURA [*MASH HOPPING*] E LUPULAGEM PÓS-FERVURA [*WHIRLPOOL HOPPING*]

A lupulagem pré-fervura ou *First Wort Hopping* é aquela realizada depois que o mosto saiu do filtro e se encaminhou para a panela de fervura, uma lupulagem logo após o mosto ser clarificado, com temperaturas, provavelmente, entre 70°C e 100°C (menor que), essa técnica vem ganhando espaço pois produz resultados interessantes, como um amargor mais uniforme, harmonioso, refinado e com a redução da adstringência. John Palmer recomenda o uso de lúpulos com baixo teor de ácidos alfas e porcentagem de uso não superior a 30% do peso total de lúpulo utilizado na receita.

Lupulagem na fervura ou *Mash Hopping*, essa é a mais conhecida e comum de acontecer em uma brassagem, teoricamente não é obrigatória e pode durar entre 60 minutos a 90 minutos o processo, que é o tempo relativo à fervura do mosto, com temperatura próxima ou igual a 100°C, é claro. Como já foi dito anteriormente nesta fase podemos executar a lupulagem de amargor com tempos de adição entre 90 minutos e 30 minutos do final, a lupulagem de sabor com tempos entre 30 minutos e 15 minutos do final e a lupulagem de aroma abaixo dos 15 minutos do final da fervura, valores de referências.

É comum encontramos na literatura o termo *late hopping*, uma lupulagem tardia, que nada mais é do que a adição da maior parte lúpulo ou a adição da totalidade do lúpulo nos últimos 30 minutos de fervura, relativo à lupulagem de sabor e aroma, descrito anteriormente.

Justamente para essa fase, lupulagem na fervura, é que temos os métodos tradicionais de cálculo para a determinação do amargo (em IBU), tais como Ranger, Mosher, Tinseth, Daniels e Garetz, que não são aplicáveis às outras fases descritas nesta seção.

Por fim, temos a lupulagem pós-fervura ou *Whirlpool Hopping*, essa lupulagem ocorre entre o momento que você desliga a fonte de calor da brassagem e realiza o whirlpool com a finalidade de se obter o "trub", esse processo pode durar até 40 minutos (não como regra) e as temperaturas pode estar entre 100°C (menor que) e 60°C, tal técnica apresenta baixa isomerização dos alfas-ácidos, portanto agrega muito pouco no amargor mas gera uma grande absorção dos óleos essenciais resultado em cervejas mais aromáticas e saborosas.

Em março de 2018 a revista norte americana Zymurgy apresentou um artigo muito interessante denominado *The Full IBU Model*. O trabalho foi escrito por Petr Vonotný, ele realizou uma releitura dos trabalhos de Mark G. Malowicki intitulado *Hop Bitter Acid Isomerization and Degradation Kinetics in a Model Wort-Boiling System*.

Malowicki propõem um método baseado em cinética química para a determinação das taxas de isomerização dos alfa-ácidos, bem como sua degradação durante a fervura, gerando assim um sistema de equações diferenciais que rege tal fenômeno. Ele aponta que a taxa de transformação dos alfa-ácidos em iso-α-ácidos é proporcional a uma variável k_1 que é função da temperatura e que a degradação desses iso-α-ácidos em subprodutos "não caracterizados" é proporcional a uma variável k_2 também em função da temperatura.

Petr Vonotný mostra de forma didática na revista como esse sistema de equações diferenciais pode ser útil para a determinação do amargor em IBU para as lupulagens pré-fervura, fervura e pós-fervura.

O sistema de equação diferencia é:

$$\frac{dc_A}{dt} = -k_1 \cdot c_A + c_A^0$$

$$\frac{dc_B}{dt} = k_1 \cdot c_A - k_2 \cdot c_B$$

$$\frac{dc_C}{dt} = k_2 \cdot c_B$$

$$\frac{dT}{dt} = f(t)$$

Onde:

$$C_A^0 = \frac{(Peso\ do\ Lúpulo) \cdot (Alfa - ácido)}{Volume}$$

$$k_1(T) = 0,02085 \cdot e^{-11858 \cdot (\frac{1}{T} - \frac{1}{373,15})}$$

e

$$k_2(T) = 0,00952 \cdot e^{-12994 \cdot (\frac{1}{T} - \frac{1}{373,15})}, \text{Temperatura em } °C.$$

e

A partir da solução do sistema de equação diferencial pode-se determinar o amargor pela fórmula:

$$IBU=(1-0,23).(1-0,028.°P).C_B \ [54]$$

Petr Vonotný propôs a seguinte simulação, um mosto com densidade original igual a 1,056 e um volume final de produção de 20 litros de cerveja, além de uma lupulagem, pré-fervura, fervura e pós-fervura, com um tempo total de 130 minutos conforme o quadro a seguir:

	Tempo (minuto)	Peso do lúpulo (g)	Alfa-ácido (%)	Temperatura (°C)
Pré-fervura	0	15	10	70
	30	10	8	100
Fervura	60	10	8	100
	85	10	12	100
Pós-fervura	100	30	11	85

O primeiro gráfico apresenta o crescimento do amargor em IBU em função do tempo, calculado pelo sistema Full IBU, vale lembrar que a fervura neste exemplo, ocorre entre os tempos 30 minutos e 90 minutos, a fase de pré-fervura dura 30 minutos se iniciando com temperatura de 70°C e o whirlpool dura 40 minutos e finalizando com temperatura de 60°C. Nestas condições o modelo apresentou amargor de 38 IBU no final de fervura, 48,42 IBU faltando 10 minutos para o final do whirlpool e 49,47 IBU no final do whirlpool.

Full IBU

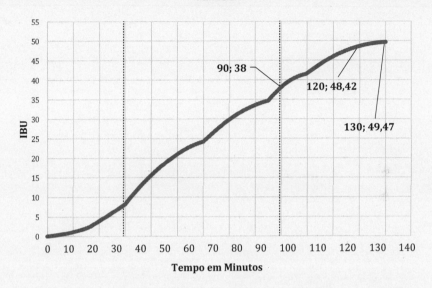

Se tomarmos apenas o valor do amargor no final de fervura, ou seja, 38 IBU e comparamos com o amargor calculado por Tinseth, considerando apenas a lupulagem de fervura, o resultado seria discrepante, pois Tinseth resulta em 19,08 IBU de amargor, conforme mostrado nesse segundo gráfico.

Full IBU x Tinseth

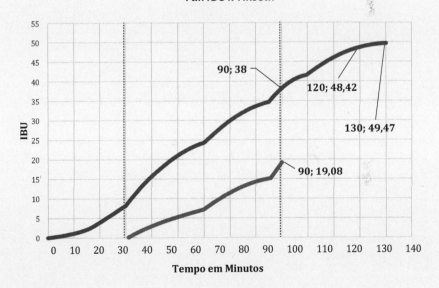

É notório que quando dá existência das lupulagens pré-fervura e pós-fervura, o modelo Full IBU, se "descola" dos resultados calculados pelos métodos tradicionais, e de certa forma as equações tradicionais já não servem mais para a determinação do amargor.

Mas se essas lupulagens pré-fervura e pós-fervura não existirem os métodos tradicionais pode sim serem comparados com o modelo baseado em cinética química, Full IBU, pois eles convergem para valores praticamente iguais. Vejamos o exemplo da lupulagem (só fervura) proposta no quadro abaixo:

	Tempo (minuto)	Peso do lúpulo (g)	Alfa - Ácido (%)	Temperatura (°C)
Pré-fervura	0	0	0	70
Fervura	30	10	8	100
	60	10	8	100
	85	10	12	100
Pós-fervura	100	0	0	85

Resultado

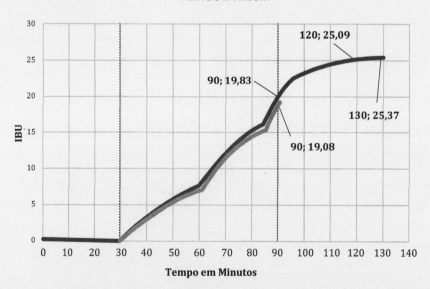

Tinseth continua apresentado o mesmo 19,08 IBU de amargor, já o modelo full IBU, agora, apresenta 19,83 IBU de amargor no final da fervura, e as curvas que representam tais funções quase se sobrepõem, além de terem a mesma forma, isso é restrito apenas a fase de fervura. Fazendo diversas simulações observei que quando se varia a densidade original no problema, essas duas curvas (Full IBU x Tinseth) ficam mais ou menos próximas e variando, mesmo assim produzem resultados semelhantes e válidos.

Contrariamente, nos casos onde se contabilizam as lupulagens pré-fervura e pós-fervura, essas duas curvas (Full IBU x Tinseth) são distintas o que parece invalidar as equações tradicionais. Outro problema observado neste gráfico se refere a isomerização continua dos alfas-ácidos ao longo do whirlpool, resultado sempre num amargor maior onde tal acréscimo não pode ser detectado pelos métodos tradicionais. Esse aumento de amargor verificado está diretamente ligado ao tempo do whirlpool e sua temperatura final, para exemplificar esta questão retomaremos ao primeiro esquema de lupulagem, onde se considerou lupulagem de pré-fervura, fervura e pós-fervura.

Refazendo os cálculos pelo método Full IBU, considerando o primeiro quadro de lupulagem, apresentado na página xx e variando somente a temperatura final do whirlpool. Ou seja, o whirlpool continua com tempo de duração de 40 minutos em todos os casos, mas a taxa de resfriamento do mosto se modifica de tal forma que a temperaturas finais sejam 50°C, 60°C, 70°C, 80°C e por fim 90°C, os valores do amargor em IBU estão representados neste quarto gráfico. Notem que, quanto mesmo o mosto se resfria, maior é o acréscimo de IBU durante essa fase, facilmente explicado pela isomerização do alfa-ácidos que se potencializa em temperaturas próximas a 100°C.

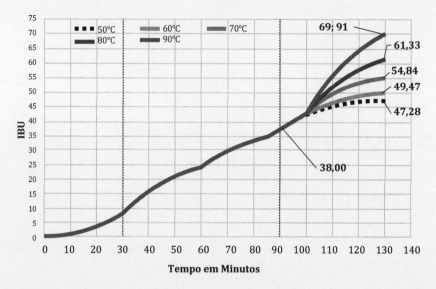

Na situação menos crítica, temperatura final de 50°C, o amargor saltou de 38 IBU no final da fervura para 47,28 IBU no final do whirlpool. Já na situação mais crítica, temperatura final de 90°C, o amargor saltou de 38 IBU no final da fervura para 69,91 IBU no final do whirlpool, em ambos os casos podemos dizer que esse crescimento é considerável.

Destacaremos aqui alguns aspectos críticos do estudo, nas seguintes situações:

- Quando da existência das lupulagens pré-fervura e pós-fervura existe a real possibilidade de os métodos tradicionais não serem confiáveis?
- O "acentuado" crescimento do amargo na fase do whirlpool pode gerar alguma imprecisão no meu cálculo?
- A grande variabilidade nos valores finais do amargo durante o whirlpool relativamente a taxa de resfriamento do mosto pode ser preocupante?
- Tendo em vista a complexidade da solução numérica deste sistema de equações diferenciais. Existe uma real dificuldade do cervejeiro caseiro na aplicação desse método para determinação do IBU?

Diante de tudo isso, chegamos a uma questão-chave:

É possível desenvolver um pequeno método de correção, a partir de um método clássico conhecido, como por exemplo Tinseth, que minimizasse esses aspectos críticos apontados anteriormente?

É um pouco pretencioso de minha parte querer criar um método totalmente novo, que fosse relativamente simples de se aplicar e ao mesmo tempo atendesse as lupulagens pré-fervura, fervura e pós-fervura. Mas diante desse desafio, me pus a pensar, onde o ponto de partida desse estudo foi o método de Tinseth para determinação do amargor. A seguir apresentaremos nosso método denominado IBU-CP (IBU – Cervejar é preciso) que é capaz solucionar o problema de amargor em lupulagens pré-fervura, fervura e pós-fervura.

MÉTODO PARA CÁLCULO DO AMARGOR - IBU - CP (IBU - CERVEJAR É PRECISO)

Este método parte da premissa que o cervejeiro caseiro poderá optar ou não, pelas lupulagens pré-fervura, fervura e pós-fervura e desta forma, a partir de Tinseth corrigido (método IBU – Cervejar é preciso) determina o amargor em IBU no final da fervura e no final do whirlpool, para isso se estipulou algumas hipóteses.

A fase de pré-fervura foi definida com um tempo de 30 minutos de duração e temperatura inicial de 70°C, que cresce a uma taxa de 1°C por minuto. A fervura foi concebida com tempo total de 60 minutos, ou seja, variará de 30 minutos a 90 minutos, com temperatura de 100°C e por fim o whirlpool foi definido com um tempo total de 30 minutos de duração, ou seja, variará de 90 minutos e 120 minutos, decrescendo sua temperatura a uma taxa de 0,5°C por minuto e com temperatura final de 85 °C. Como já foi visto anteriormente a temperatura final do whirlpool influência significativamente no valor do amargor, e na forma que estou propondo acabo fixando a temperatura final do whirlpool em 85°C, mas sinceramente não há problema, como veremos à frente.

O método consiste primeiramente determinar o amargor da lupulagem na fase de fervura utilizando o método de Tinseth, denominado aqui de IBU_0 e esse IBU_0 será corrigido dá seguinte forma:

- Amargor relativo a lupulagem pré-fervura (IBU_1):

$$IBU_1 = \frac{FU_1 \cdot (\sum Peso \cdot AA(\%))}{100 \cdot Volume} \quad \textbf{[55]}$$

Onde:

Peso – O peso de cada lúpulo utilizando na pré-fervura.

AA(%) – Alfa-Ácido de cada lúpulo utilizando na pré-fervura.

Volume – Volume final de cerveja.

- Amargor relativo a lupulagem pós-fervura (IBU_2):

$$IBU_2 = \frac{FU_2 \cdot (\sum Peso \cdot AA(\%))}{100 \cdot Volume} \quad [56]$$

Onde:

Peso– O peso de cada lúpulo utilizando na pós-fervura.

AA(%) - Alfa-Ácido de cada lúpulo utilizando na pós-fervura.

Volume – Volume final de cerveja.

- Amargor no final da fervura (IBU_{90}):

$$IBU_{90} = \beta_1.IBU_0 + IBU_1 \quad [57]$$

- Amargor no final do whirlpool (IBU_{120}):

$$IBU_{120} = \beta_2.IBU_0 + IBU_1 + IBU_2 \quad [58]$$

Onde: FU_1; FU_2; B_1; B_2 são fornecidas pela tabela a seguir

OG	FU1	FU2	β_1	β_2	OG	FU1	FU2	β_1	β_2
1,024	507,21	73,79	0,914	1,106	1,086	161,22	23,45	0,847	0,997
1,025	489,39	71,20	0,932	1,116	1,087	159,35	23,18	0,843	1,002
1,026	472,89	68,80	0,940	1,125	1,088	157,51	22,92	0,839	0,997
1,027	457,56	66,57	0,958	1,161	1,089	155,71	22,65	0,834	0,981
1,028	443,27	64,49	0,954	1,156	1,090	153,94	22,40	0,830	0,966
1,029	429,93	62,55	0,962	1,165	1,091	152,20	22,14	0,810	0,961
1,030	417,44	60,73	0,990	1,187	1,092	150,49	21,89	0,789	0,946
1,031	405,70	59,02	0,986	1,195	1,093	148,81	21,65	0,785	0,921

OG	FU1	FU2	β1	β2	OG	FU1	FU2	β1	β2
1,032	394,66	57,42	1,004	1,190	1,094	147,16	21,41	0,773	0,915
1,033	384,26	55,90	1,000	1,198	1,095	145,54	21,17	0,745	0,901
1,034	374,42	54,47	0,996	1,220	1,096	143,95	20,94	0,741	0,886
1,035	365,12	53,12	1,014	1,215	1,097	142,38	20,71	0,721	0,862
1,036	356,29	51,84	1,010	1,209	1,098	140,84	20,49	0,718	0,857
1,037	347,91	50,62	1,027	1,204	1,099	139,32	20,27	0,698	0,852
1,038	339,94	49,46	1,023	1,225	1,100	137,83	20,05	0,679	0,818
1,039	332,35	48,35	1,019	1,233	1,101	136,36	19,84	0,675	0,814
1,040	325,11	47,30	1,025	1,228	1,102	134,91	19,63	0,656	0,790
1,041	318,19	46,29	1,021	1,248	1,103	133,49	19,42	0,645	0,767
1,042	311,58	45,33	1,037	1,242	1,104	132,08	19,22	0,634	0,744
1,043	305,24	44,41	1,033	1,237	1,105	130,70	19,02	0,600	0,740
1,044	299,17	43,52	1,029	1,232	1,106	129,34	18,82	0,596	0,735
1,045	293,34	42,68	1,035	1,239	1,107	128,00	18,62	0,578	0,694
1,046	287,74	41,86	1,031	1,234	1,108	126,68	18,43	0,575	0,690
1,047	282,35	41,08	1,047	1,228	1,109	125,38	18,24	0,557	0,668
1,048	277,17	40,32	1,043	1,247	1,110	124,10	18,06	0,509	0,628
1,049	272,17	39,60	1,038	1,242	1,111	122,84	17,87	0,506	0,606
1,050	267,36	38,90	1,034	1,236	1,112	121,59	17,69	0,503	0,603
1,051	262,71	38,22	1,030	1,231	1,113	120,36	17,51	0,500	0,599
1,052	258,22	37,57	1,035	1,238	1,114	119,15	17,34	0,461	0,543
1,053	253,88	36,94	1,031	1,232	1,115	117,96	17,16	0,437	0,539
1,054	249,68	36,33	1,027	1,226	1,116	116,78	16,99	0,434	0,536
1,055	245,62	35,73	1,032	1,233	1,117	115,62	16,82	0,396	0,481
1,056	241,68	35,16	1,028	1,227	1,118	114,48	16,65	0,394	0,461
1,057	237,86	34,61	1,033	1,222	1,119	113,34	16,49	0,370	0,458
1,058	234,16	34,07	1,029	1,216	1,120	112,23	16,33	0,340	0,421
1,059	230,57	33,54	1,024	1,222	1,121	111,13	16,17	0,338	0,385
1,060	227,07	33,04	1,020	1,216	1,122	110,04	16,01	0,308	0,349
1,061	223,68	32,54	1,016	1,211	1,123	108,97	15,85	0,306	0,347
1,062	220,39	32,06	1,002	1,217	1,124	107,91	15,70	0,276	0,328
1,063	217,18	31,60	0,997	1,211	1,125	106,87	15,55	0,206	0,277
1,064	214,06	31,14	0,993	1,205	1,126	105,84	15,40	0,218	0,275
1,065	211,01	30,70	0,998	1,188	1,127	104,82	15,25	0,204	0,257
1,066	208,05	30,27	0,994	1,194	1,128	103,81	15,10	0,175	0,208
1,067	205,17	29,85	0,980	1,188	1,129	102,82	14,96	0,134	0,159

OG	FU1	FU2	β1	β2	OG	FU1	FU2	β1	β2
1,068	202,35	29,44	0,976	1,182	1,130	101,84	14,82	0,120	0,158
1,069	199,60	29,04	0,971	1,177	1,131	100,87	14,68	0,119	0,141
1,070	196,92	28,65	0,976	1,171	1,132	99,92	14,54	0,118	0,140
1,071	194,30	28,27	0,972	1,165	1,133	98,97	14,40	0,118	0,139
1,072	191,75	27,90	0,958	1,148	1,134	98,04	14,26	0,117	0,138
1,073	189,25	27,53	0,954	1,143	1,135	97,11	14,13	0,116	0,137
1,074	186,81	27,18	0,950	1,137	1,136	96,20	14,00	0,116	0,136
1,075	184,42	26,83	0,945	1,131	1,137	95,30	13,87	0,115	0,135
1,076	182,08	26,49	0,941	1,115	1,138	94,41	13,74	0,114	0,134
1,077	179,80	26,16	0,928	1,109	1,139	93,53	13,61	0,113	0,133
1,078	177,56	25,83	0,923	1,104	1,140	92,66	13,48	0,113	0,132
1,079	175,37	25,51	0,910	1,087	1,141	91,80	13,36	0,112	0,131
1,080	173,23	25,20	0,906	1,082	1,142	90,95	13,23	0,111	0,130
1,081	171,12	24,90	0,902	1,076	1,143	90,11	13,11	0,110	0,129
1,082	169,06	24,60	0,880	1,060	1,144	89,28	12,99	0,110	0,128
1,083	167,04	24,30	0,876	1,044	1,145	88,46	12,87	0,109	0,127
1,084	165,06	24,01	0,872	1,039	1,146	87,65	12,75	0,108	0,126
1,085	163,12	23,73	0,868	1,033	1,147	86,85	12,64	0,107	0,125
					1,148	86,06	12,52	0,107	0,124

Aplicando essa metodologia no problema apresentado na revista Zymurgy, com lupulagens pré-fervura, fervura e pós-fervura, conforme tabela da página xx, chegamos aos seguintes resultados.

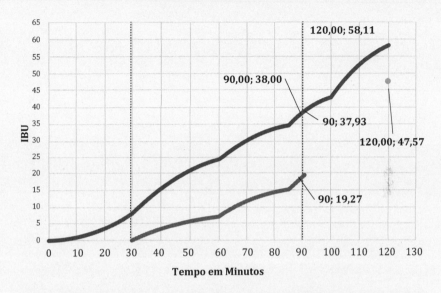

Full IBU x Tinseth x IBU-CP

A correção do valor do amargor, pela metodologia IBU-CP no final de fervura apresentou IBU_{90} = 37,93 IBU valor praticamente igual ao fornecido pelo método Full IBU = 38 IBU, já a correção do amargor no final do whirlpool, pela metodologia IBU-CP, IBU_{120}=47,57 IBU apresentou discrepância com relação ao método Full IBU = 58,11 IBU, de fato a previsibilidade no final do whirlpool é mais precária, pois como já explicamos esse valor sofre uma maior variação. Mas se tomarmos a imprecisão intrínseca relativa aà influência da temperatura final do whirlpool, e analisarmos novamente o mesmo problema, pode-se concluir que apesar da imprecisão esses valores corrigidos ficam dentro de faixas plausíveis, ver gráfico a seguir.

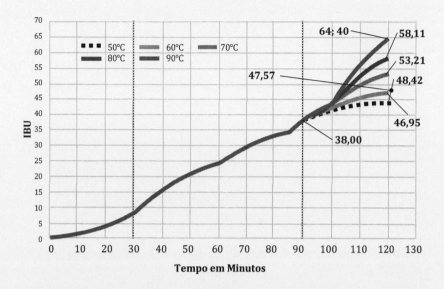

Na figura temos o valor 47,57 IBU que é o amargor calculado pela metodologia IBU-CP no final do whirlpool, que numa primeira análise se mostrou discrepante em relação ao calculado pelo full IBU, mas avaliando esse novo gráfico, onde se determinou os vários amargores para várias temperaturas finais de whirlpool, esse valor se materializa e passa a ser plausível, por ficar dentro do intervalo de 46,95 IBU e 64,40IBU.

Fiz diversas simulações com a metodologia IBU-CP, variando tipos de lupulagens, tipos de lúpulos e seus alfa-ácidos, densidade original, volume da batelada e conclui que o valor do amargor IBU$_{90}$ no final da fervura "bate" quase sempre com o valor de amargor no final de fervura calculado pelo método full IBU. Já para o valor de amargor no final de whirlpool isso não acontece sempre, pois, a metodologia IBU-CP se mostra oscilar muito em torno dos resultados apresentados pela metodologia full IBU. Em certas situações os valores são bem próximos ou quase iguais e em outras situações os valores finais do amargor divergem do método full IBU, ora com valores superiores e ora com valores inferiores, apesar desta questão nebulosa podemos dizer que o método aqui proposto denominado IBU-CP é valido.

EXEMPLO 18 A partir dos dados fornecidos pela revista "Zymurgy", e apresentados anteriormente aplique a metodologia IBU-CP e determine os valores de IBU_{90} e IBU_{120}.

Volume Antes da Fervura = 22,9 Litros

Volume Final de Cerveja = 20 Litros

Densidade Original Requerida (OG) = 1,056

	Tempo (minuto)	Peso do lúpulo (g)	Alfa - ácido (%)	Temperatura (°C)
Pré-fervura	0	15	10	70
	30*	10	8	100
Fervura	60**	10	8	100
	85***	10	12	100
Pós-fervura	100	30	11	85

* 30 minutos se refere a 60 minutos do final da fervura

** 60 minutos se refere a 30 minutos do final da fervura

*** 85 minutos se refere a 5 minutos do final da fervura, basta lembra que o tempo de pré-fervura e fervura é de 90 minutos.

Solução:

a) Tinseth – IBU_0

$$IBU = \frac{0,1 \cdot Fator\ de\ Utilização \ \cdot AA\% \ \cdot Peso\ do\ Lúpulo}{Volume\ (l) \ \cdot \ C_3}$$

$$BG = \frac{Volume\ Final}{Volume\ da\ Fervura} \cdot (OG - 1) + 1$$

$$BG = \frac{20}{22,9} \cdot (1,056 - 1) + 1 = 1,049$$

Pelo gráfico da página 127 temos C_3=0,941

Para o tempo = 60min do final o fator de utilização = 21,91% (página 126).

$$IBU = \frac{0,1 \ \cdot \ 21,91 \ \cdot \ 8 \ \cdot 10}{20 \ \cdot \ 0,941} = 9,32$$

Para o tempo = 30min o fator de utilização = 16,84% (página 126).

$$IBU = \frac{0,1 \cdot 16,84 \cdot 8 \cdot 10}{20 \cdot 0,941} = 7,16$$

Para o tempo = 5min o fator de utilização = 4,37% (página 126).

$$IBU = \frac{0,1 \cdot 4,37 \cdot 12 \cdot 10}{20 \cdot 0,941} = 2,79$$

IBU_0 = 9,32 + 7,16 + 2,79 = 19,27 IBU

b) Se OG= 1,056 temos pela tabela da páginas 153 e 154:

FU_1=241,68; FU_2=35,16; β_1=1,028; β_2=1,227

c) Amargor relativo a lupulagem pré-fervura (IBU_1)

$$IBU_1 = \frac{FU_1 \cdot (\sum Peso \cdot AA(\%))}{100 * Volume}$$

$$IBU_1 = \frac{241,68 \cdot (15 \cdot 10)}{100 \cdot 20} = 18,13$$

d) Amargor relativo a lupulagem pós-fervura (IBU_2)

$$IBU_2 = \frac{FU_2 \cdot (\sum Peso \cdot AA(\%))}{100 \cdot Volume}$$

$$IBU_2 = \frac{35,16 \cdot (30 \cdot 11)}{100 \cdot 20} = 5,80$$

e) Amargor no final da fervura (IBU_{90})

$IBU_{90}=\beta_1.IBU_0+IBU_1$

IBU_{90}=1,028.19,27+18,13

f) Amargor no final do whirlpool (IBU_{120})

$IBU_{120}=\beta_2.IBU_0+IBU_1+IBU_2$

IBU_{120}=1,227.19,27+18,13+5,80 = 47,57

Comparando com o modelo full IBU, veja o gráfico.

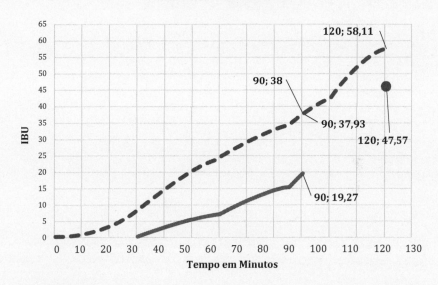

EXEMPLO 19 Determine o amargor em IBU – CP (IBU$_{90}$ e IBU$_{120}$) para uma brassagem com os seguintes dados:

Volume Antes da Fervura = 24,6 Litros;

Volume Final de Cerveja = 18,9 Litros;

Densidade Original Requerida (OG) = 1,050.

	Tempo (minuto)	Peso do lúpulo (g)	Alfa - ácido (%)	Temperatura (°C)
Pré-fervura	0	10	5,0	70
Fervura	45*	42,52	6,4	100
	75**	28,35	5,0	100
Pós-fervura	100	10	5,0	85

* 45 minutos se refere a 45 minutos do final da fervura

** 75 minutos se refere a 15 minutos do final da fervura, basta lembra que o tempo de pré-fervura e fervura é de 90 minutos.

Solução:

a) Tinseth –IBU_0

$$IBU = \frac{0,1 \cdot Fator\ de\ Utilização \ \cdot AA\% \ \cdot Peso\ do\ Lúpulo}{Volume\ (l)\ \cdot\ C_3}$$

$$BG = \frac{Volume\ Final}{Volume\ da\ Fervura} \cdot (OG - 1) + 1$$

$$BG = \frac{18,9}{24,6} \cdot (1,050 - 1) + 1 = 1,038$$

Pelo gráfico da página 127 temos C_3=0,853

Para o tempo = 45min do final o fator de utilização = 20,10% (página 126).

$$IBU = \frac{0,1 \ \cdot\ 20,10 \ \cdot\ 6,4 \ \cdot 42,52}{18,9 \ \cdot 0,853} = 33,93$$

Para o tempo = 15min o fator de utilização = 10,87% (página 126).

$$IBU = \frac{0,1 \ \cdot\ 10,87 \ \cdot\ 5,0 \ \cdot 28,35}{18,9 \ \cdot 0,853} = 9,56$$

$$IBU_0 = 33,93 + 9,56 = 43,49\ IBU$$

b) Se OG= 1,050 temos pela tabela da páginas 153 e 154:

FU_1=267,36; FU_2=38,90; β_1=1,038; β_2=1,242

c) Amargor relativo a lupulagem pré-fervura (IBU_1):

$$IBU_1 = \frac{FU_1 \cdot (\sum Peso \cdot AA(\%))}{100 * Volume}$$

$$IBU_1 = \frac{267,36 \cdot (10 \cdot 5)}{100 \cdot 18,9} = 7,0$$

d) Amargor relativo a lupulagem pós-fervura (IBU_2):

$$IBU_2 = \frac{FU_2 \cdot (\sum Peso \cdot AA(\%))}{100 \cdot Volume}$$

$$IBU_2 = \frac{38{,}90 \cdot (10 \cdot 5)}{100 \cdot 18{,}9} = 1{,}0$$

e) Amargor no final da fervura (IBU_{90}):

$IBU_{90} = \beta_1 . IBU_0 + IBU_1$
$IBU_{90} = 1{,}034 . 43{,}49 + 7{,}0 = 51{,}97$

f) Amargor no final do whirlpool (IBU_{120}):

$IBU_{120} = \beta_2 . IBU_0 + IBU_1 + IBU_2$
$IBU_{120} = 1{,}236 . 43{,}49 + 7{,}0 + 1{,}0 = 61{,}75$

Comparando com o modelo full IBU, veja o gráfico.

Full IBU x Tinseth x IBU - CP

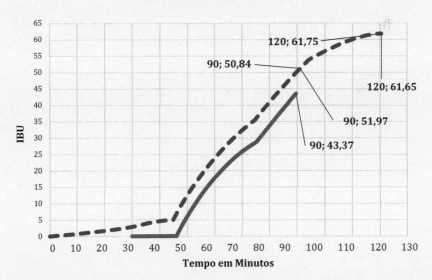

Observe que para este caso tanto o amargor no final da fervura (IBU_{90} = 51,97) quanto o amargor no final do whirlpool (IBU_{120} = 61,75) praticamente coincidem com os valores encontrados pelo método full IBU, 50,84 IBU e 61,75 IBU, respectivamente.

EXEMPLO 20 Determine o amargor em IBU – CP (IBU_{90} e IBU_{120}) para uma brassagem com os seguintes dados:

Volume Antes da Fervura = 22 Litros;

Volume Final de Cerveja = 20 Litros;

Densidade Original Requerida (OG) = 1,055.

	Tempo (minuto)	Peso do lúpulo (g)	Alfa - ácido (%)	Temperatura (°C)
Pré-fervura	0	20	5	70
	30*	12	15	100
	60**	8	5	100
Fervura	75***	8	5	100
	90****	8	5	100
Pós-fervura	100	5	5	85

* 30 minutos se refere a 60 minutos do final da fervura

** 60 minutos se refere a 30 minutos do final da fervura

*** 75 minutos se refere a 15 minutos do final da fervura

**** 90 minutos se refere a 0 minutos do final da fervura, basta lembra que o tempo de pré-fervura e fervura é de 90minutos

Solução:

a) Tinseth –IBU_0

$$IBU = \frac{0,1 \cdot Fator\ de\ Utilização\ \cdot AA\% \cdot Peso\ do\ Lúpulo}{Volume\ (l)\ \cdot\ C_3}$$

$$BG = \frac{Volume\ Final}{Volume\ da\ Fervura} \cdot (OG - 1) + 1$$

$$BG = \frac{20}{22} \cdot (1,055 - 1) + 1 = 1,050$$

Pelo gráfico da página 127 temos C_3=0,950

Para o tempo = 60min do final o fator de utilização = 21,91% (página 126).

$$IBU = \frac{0,1\ \cdot\ 21,91\ \cdot\ 12\ \cdot 15}{20\ \cdot 0,950} = 20,76$$

Para o tempo = 30min o fator de utilização = 16,84% (página 126).

$$IBU = \frac{0,1 \cdot 16,84 \cdot 8 \cdot 5}{20 \cdot 0,950} = 3,55$$

Para o tempo = 15min o fator de utilização = 10,87% (página 126).

$$IBU = \frac{0,1 \cdot 10,87 \cdot 8 \cdot 5}{20 \cdot 0,950} = 2,29$$

Para o tempo = 0min o fator de utilização = 0% (página 126).

$$IBU = \frac{0,1 \cdot 0 \cdot 8 \cdot 5}{20 \cdot 0,950} = 0$$

$$IBU_0 = 20,76 + 3,55 + 2,29 + 0,0 = 26,60 \text{ IBU}$$

b) Se OG= 1,055 temos pela tabela da páginas 153 e 154:

FU_1=245,62; FU_2=35,73; β_1=1,032; β_2=1,233

c) Amargor relativo a lupulagem pré-fervura (IBU_1):

$$IBU_1 = \frac{FU_1 \cdot (\sum Peso \cdot AA(\%))}{100 * Volume}$$

$$IBU_1 = \frac{245,62 \cdot (20 \cdot 5)}{100 \cdot 20} = 12,28$$

d) Amargor relativo a lupulagem pós-fervura (IBU_2):

$$IBU_2 = \frac{FU_2 \cdot (\sum Peso \cdot AA(\%))}{100 \cdot Volume}$$

$$IBU_2 = \frac{35,73 \cdot (5 \cdot 5)}{100 \cdot 20} = 0,45$$

e) Amargor no final da fervura (IBU_{90}):

IBU_{90}=β_1.IBU_0+IBU_1

IBU_{90}=1,032.26,60+12,28=39,73

f) Amargor no final do whirlpool (IBU_{120}):

$IBU_{120} = \beta_2 \cdot IBU_0 + IBU_1 + IBU_2$

$IBU_{120} = 1{,}233 \cdot 26{,}60 + 12{,}28 + 0{,}45 = 45{,}53$

Comparando com o modelo full IBU, veja o gráfico.

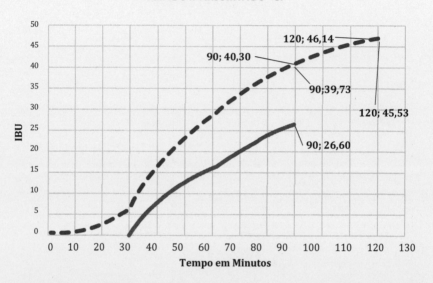

Full IBU x Tinseth x IBU - CP

Observe que para este caso tanto o amargor no final da fervura (IBU_{90} = 39,73) quanto o amargor no final do whirlpool (IBU_{120} = 45,53) praticamente coincidem com os valores encontrados pelo método full IBU, 40,30 IBU e 46,14 IBU, respectivamente.

EXEMPLO 21 Refazendo o exercício anterior pelo método IBU – CP (IBU_{90} e IBU_{120}) mas considerando apenas lupulagem na fervura, com os seguintes dados:

Volume Antes da Fervura = 22 Litros;

Volume Final de Cerveja = 20 Litros;

Densidade Original Requerida (OG) = 1,055.

	Tempo (minuto)	Peso do lúpulo (g)	Alfa-ácido (%)	Temperatura (°C)
Pré-fervura	0	0	0	0
Fervura	30*	12	15	100
	60**	8	5	100
	75***	8	5	100
	90****	8	5	100
Pós-fervura	0	0	0	0

* 30 minutos se refere a 60 minutos do final da fervura

** 60 minutos se refere a 30 minutos do final da fervura

*** 75 minutos se refere a 15 minutos do final da fervura

**** 90 minutos se refere a 0 minutos do final da fervura, basta lembra que o tempo de pré-fervura e fervura é de 90 minutos

Solução:

a)   Tinseth – IBU_0

$$IBU = \frac{0,1 \cdot Fator\ de\ Utilização \ \cdot AA\% \ \cdot Peso\ do\ Lúpulo}{Volume\ (l) \ \cdot \ C_3}$$

$$BG = \frac{Volume\ Final}{Volume\ da\ Fervura} \cdot (OG - 1) + 1$$

$$BG = \frac{20}{22} \cdot (1,055 - 1) + 1 = 1,050$$

Pelo gráfico da página 127 temos C_3=0,950

Para o tempo = 60min do final o fator de utilização = 21,91% (página 126).

$$IBU = \frac{0,1 \cdot 21,91 \cdot 12 \cdot 15}{20 \cdot 0,950} = 20,76$$

Para o tempo = 30min o fator de utilização = 16,84% (página 126).

$$IBU = \frac{0,1 \cdot 16,84 \cdot 8 \cdot 5}{20 \cdot 0,950} = 3,55$$

Para o tempo = 15min o fator de utilização = 10,87% (página 126).

$$IBU = \frac{0,1 \cdot 10,87 \cdot 8 \cdot 5}{20 \cdot 0,950} = 2,29$$

Para o tempo = 0min o fator de utilização = 0% (página 126).

$$IBU = \frac{0,1 \cdot 0 \cdot 8 \cdot 5}{20 \cdot 0,950} = 0$$

$$\text{IBU}_0 = 20,76 + 3,55 + 2,29 + 0,0 = 26,60 \text{ IBU}$$

b) Se OG= 1,055 temos pela tabela da páginas 153 e 154:

FU_1=245,62; FU_2=35,73; β_1=1,032; β_2=1,233

c) Amargor relativo a lupulagem pré-fervura (IBU_1):

$$IBU_1 = \frac{FU_1 \cdot (\sum Peso \cdot AA(\%))}{100 * Volume}$$

$$IBU_1 = 0$$

d) Amargor relativo a lupulagem pós-fervura (IBU_2):

$$IBU_2 = \frac{FU_2 \cdot (\sum Peso \cdot AA(\%))}{100 \cdot Volume}$$

$$IBU_2 = 0$$

e) Amargor no final da fervura (IBU_{90}):

$IBU_{90}=\beta_1.IBU_0+IBU_1$

$IBU_{90}=1,032.26,60+0=27,45$

f) Amargor no final do whirlpool (IBU_{120}):

$IBU_{120}=\beta_2.IBU_0+IBU_1+IBU_2$

$IBU_{120}=1,233.26,60+0+0=32,79$

Comparando com o modelo full IBU, veja o gráfico.

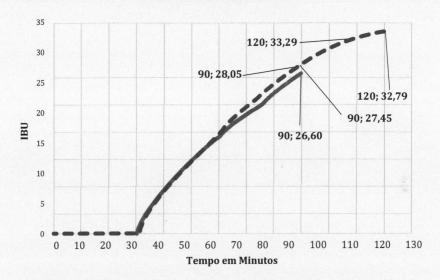

Observe que para este caso como não há lupulagens pré-fervura e pós-fervura o método de Tinseth quase se sobre põem ao método do full IBU, mesmo assim o método IBU – CP, resulto nos valores IBU_{90} = 27,45 e IBU_{120} = 32,79 que se aproxima mais do full IBU para o amargor no final da fervura e para o amargor no final do whirlpool, 28,05 IBU e 33,29 IBU, respectivamente.

EXEMPLO 22 Determine o amargor em IBU – CP (IBU_{90} e IBU_{120}) para uma cerveja com alta densidade original e seguintes dados:

Volume Antes da Fervura = 22 Litros;

Volume Final de Cerveja = 20 Litros;

Densidade Original Requerida (OG) = 1,104.

	Tempo (minuto)	Peso do lúpulo (g)	Alfa - ácido (%)	Temperatura (°C)
Pré-fervura	0	15	8	70
Fervura	30*	20	15	100
	45**	10	15	100
	70***	10	8	100
	90****	10	5	100
Pós-fervura	100	20	5	85

* 30 minutos se refere a 60 minutos do final da fervura

** 45 minutos se refere a 45 minutos do final da fervura

*** 70 minutos se refere a 20 minutos do final da fervura

**** 90 minutos se refere a 0 minutos do final da fervura, basta lembra que o tempo de pré-fervura e fervura é de 90minutos

Solução:

a) Tinseth – IBU_0

$$IBU = \frac{0,1 \cdot Fator\ de\ Utilização\ \cdot AA\% \cdot Peso\ do\ Lúpulo}{Volume\ (l) \cdot C_3}$$

$$BG = \frac{Volume\ Final}{Volume\ da\ Fervura} \cdot (OG - 1) + 1$$

$$BG = \frac{20}{22} \cdot (1,104 - 1) + 1 = 1,095$$

Pelo gráfico da página 127 temos $C_3 = 1,418$

Para o tempo = 60min do final o fator de utilização = 21,91% (página 126).

$$IBU = \frac{0,1 \cdot 21,91 \cdot 20 \cdot 15}{20 \cdot 1,418} = 23,18$$

Para o tempo = 45min o fator de utilização = 20,12% (página 126).

$$IBU = \frac{0,1 \cdot 20,12 \cdot 10 \cdot 15}{20 \cdot 1,418} = 10,64$$

Para o tempo = 20min o fator de utilização = 13,27% (página 126).

$$IBU = \frac{0,1 \cdot 13,27 \cdot 10 \cdot 8}{20 \cdot 1,418} = 3,74$$

Para o tempo = 0min o fator de utilização = 0% (página 126).

$$IBU = \frac{0,1 \cdot 0 \cdot 10 \cdot 5}{20 \cdot 1,418} = 0$$

$$IBU_0 = 23,18 + 10,64 + 3,74 + 0,0 = 37,56 \text{ IBU}$$

b) Se OG= 1,104 temos pela tabela da páginas 153 e 154:

$FU_1 = 132,08$; $FU_2 = 19,22$; $\beta_1 = 0,634$; $\beta_2 = 0,744$

c) Amargor relativo a lupulagem pré-fervura (IBU_1):

$$IBU_1 = \frac{FU_1 \cdot (\sum Peso \cdot AA(\%))}{100 * Volume}$$

$$IBU_1 = \frac{132,08 \cdot (15 \cdot 8)}{100 \cdot 20} = 7,92$$

d) Amargor relativo a lupulagem pós-fervura (IBU_2):

$$IBU_2 = \frac{FU_2 \cdot (\sum Peso \cdot AA(\%))}{100 \cdot Volume}$$

$$IBU_2 = \frac{19,22 \cdot (20 \cdot 5)}{100 \cdot 20} = 0,96$$

e) Amargor no final da fervura (IBU_{90}):

$IBU_{90} = \beta_1 . IBU_0 + IBU_1$

$IBU_{90} = 0,634.37,56 + 7,92 = 31,73$

f) Amargor no final do whirlpool (IBU_{120}):

$IBU_{120} = \beta_2 . IBU_0 + IBU_1 + IBU_2$

$IBU_{120} = 0,744.37,56 + 7,92 + 0,96 = 36,82$

Comparando com o modelo full IBU, veja o gráfico.

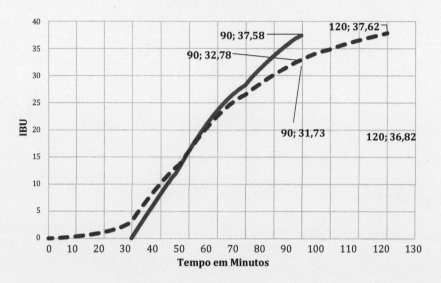

Full IBU x Tinseth x IBU - CP

Observe que para este caso tanto o amargor no final da fervura (IBU$_{90}$ = 31,73) quanto o amargor no final do whirlpool (IBU$_{120}$ = 36,82) praticamente coincidem com os valores encontrados pelo método full IBU, 32,78 IBU e 37,62 IBU, respectivamente.

LEVEDURA CERVEJEIRA ("A MAGIA")

Leveduras cervejeiras são fungos unicelulares, frequentemente do gênero *Saccharomyces* e dívidas em duas espécies: as *Carlsbergensis* utilizadas em cervejas do tipo Lager (baixa fermentação) e *Cerevisiae* utilizadas em cervejas do tipo Ale (alta fermentação). A primeira denominação de espécie é uma homenagem a cervejaria Carlsberg, pois lá estavam instalados os mais modernos laboratórios onde Emil Christian Hansen e Louis Pasteur desenvolveram pesquisas relativa a esse assunto e a segunda é uma homenagem a Deusa Ceres, a Deusa dos cereais e da cerveja propriamente dita.

As leveduras cervejeiras em temperatura e pH corretos, na presença de açúcares e do oxigênio reproduzem velozmente aumentando sua população. Já na ausência do oxigênio, mas em temperatura e pH corretos com a presença de açúcares fermentáveis param de reproduzir e passam a fermentar, e depois de uma vida inteira assim, ora reproduzindo, ora fermentando e ora hibernando, morrem. Normalmente, a levedura morre por estresse, tais como mudanças bruscas de temperatura, estresse osmótico, toxidade do álcool, esforços mecânicos de cisalhamento, deficiência de nutrientes (levando ao consumo do seu glicogênio e posterior autólise), competição com outros microrganismos, pressão hidrostática alta, entre outros. É fácil de perceber o quanto esses microrganismos são fundamentais, não só na produção de cervejas, mas na produção de alimentos como um todo, provavelmente a existência humana está diretamente ligada a existências destes microrganismos. Eu pelo menos atribuo a felicidade humana a sua existência.

No caso de produção de cervejas o processo de fermentação se restringe em transformar açúcares fermentáveis em dióxido de carbono e álcool, além, é claro, de compor seu sabor final.

Sem esses microrganismos, a "magia" da transformação do mosto em cerveja nunca ocorreria, usei este termo "Mmagia", pois durante anos se pensava que o fenômeno da fermentação era algo milagroso, sobrenatural, dos Deuses, entre outras denominações. Só em 1857, Louis Pasteur provou que a fermentação resulta de ação de microrganismos vivos. A partir de 1870, Pasteur intensificou suas pesquisas no campo da produção de cervejas publicando o famoso estudo denominado *"Etudes des biers"*. Já em 1884, Emil Hansen (Laboratório Carlsberg), constatou que apenas uma fração de toda a levedura é adequada para a fabricação de cervejas e desenvolveu um método para isolamento de uma cultura pura, Pasteur esteve presente no laboratório da Carlsberg e verificou de perto está técnica de isolamento, colaborando e apoiando plenamente a pesquisa capitaneada por Hanser que culminou no desenvolvimento da levedura lager. Mas esse aspecto divino não se perde totalmente, pois seus ingredientes são únicos, insubstituíveis e se completam de forma inacreditável (divina!), Água, malte, lúpulo e levedura, cada um com sua importância e na falta de um deles o insucesso na fabricação da bebida é certo.

Atualmente, as leveduras cervejeiras são divididas em duas, as leveduras de alta fermentação ou Ale, e as de baixa fermentação ou Lager. As leveduras do tipo Ale fermentam em temperaturas "superiores", por volta de 20°C e tem uma taxa de fermentação mais rápida, apresenta maior quantidade de produtos secundários, nível de ésteres, acetaldeídos, podendo apresentar álcoois superiores que são indesejáveis. Já as leveduras do tipo Lager, fermentam em temperaturas "inferiores", por volta de 12°C, com taxa de fermentação mais lenta e menor formação de metabólicos secundários.

Em uma fermentação típica, a densidade ou extrato do mosto diminui em relação ao tempo, enquanto o álcool e CO_2 crescem em relação ao tempo. Neste capítulo, trataremos com as seguintes definições iniciais: número de células totais, número de células viáveis e viabilidade, que respectivamente refere-se à quando de células temos em um volume prescrito de leveduras, quantas estão vivas e quantas estão mortas neste volume e a razão entre o número de células vivas pelo número de células totais obtendo sua viabilidade.

No mercado brasileiro, podemos comprar levedura do tipo Ale ou tipo Lager, na forma líquida ou forma liofilizada (seca) para a produção de cervejas. No que se refere à forma, existem vantagens e desvantagens. As leveduras líquidas apresentam maior número de cepas e por sua vez uma gama maior de nuances de sabores e aromas, no entanto a questão da viabilidade deve ser observada de perto, tendo em vista o seu transporte e o tempo de guarda deste fermento e além de ter uma manipulação mais criteriosa para se evitar contaminações. As leveduras líquidas ainda são pouco comuns no Brasil, mas vem crescendo, as empresas fornecedoras devem ter uma logística de armazenamento e de entrega, devido à necessidade de serem mantidas refrigeradas sobre a pena da morte de todas as células viáveis na presença do calor.

No caso de leveduras liofilizadas, elas são mais práticas e de fácil uso, basta reidratá-las ou usá-las seca mesmo, a logística de armazenamento e entrega não são complexas, pois as leveduras secas suportam mais a temperatura ambiente, claro na forma liofilizada, antes da sua hidratação. Como o processo de liofilização é caro, o número de cepas disponíveis no mercado é muito inferior ao número de cepas das leveduras líquidas, levando a uma gama menor de nuances de sabores e aromas, outra questão é que quando se hidrata um fermento seco, não se sabe ao certo quantas células viáveis lá existem, os catálogos dos fabricantes indicam valores nominais que deve ser respeitado. Neste caso, o conceito de viabilidade existe, mas não é aplicável com a mesma importância das leveduras líquidas.

Nas leveduras secas, o número de células viáveis em um pacote é aquele fornecido pelo catálogo do fabricante, já para as leveduras líquidas precisamos verificar a data de envase e a data do uso e determinar para esse tempo decorrido quantas células possivelmente morreram, neste caso a conceito de viabilidade é fundamental para a determinação do número de células viáveis em um frasco. Nominalmente as leveduras secas apresentam valores superiores a 6 bilhões de células viáveis por grama de levedura, sendo a faixa mais comum entre 10 bilhões a 20 bilhões de células viáveis por grama de levedura seca, já as leveduras líquidas importadas apresentam valores entre 100 bilhões a 130 bilhões de células viáveis por vial ou por frasco e recentemente apareceram empresas nacionais desenvolvendo e vendendo leveduras líquidas com uma concentração mínima de 200 bilhões de células por frasco.

Uma forma de trabalharmos esse problema com maior precisão seria a utilização de um microscópio eletrônico, e, neste caso, antes da inoculação verificaríamos o número de células existente, sua viabilidade e se aquela levedura apresenta alguma contaminação.

A escolha da levedura é fundamental para adequarmos nossa cerveja ao estilo requerido, onde características como fermentação tipo Ale ou fermentação tipo Lager, perfil sensorial resultante, níveis de atenuação, tolerância ao álcool, sedimentação e floculação são parâmetros essenciais para a sua escolha. Uma escolha errada da levedura pode significar o insucesso no que se refere à produção de cervejas a partir de estilos pré-definidos.

A atenuação é a ação ou efeito de atenuar, ou seja, a redução da intensidade de algo, que no nosso caso são os açúcares, reduzindo assim a densidade original objetivando atingir a densidade final prevista com a sua conversão em CO_2 e álcool, identifica-se três faixa de atenuação para as leveduras cervejeiras: baixa atenuação (65%-70%), média atenuação (71%-75%) e de alta atenuação (76%-85%), pela definição anterior fica claro que para produzirmos cervejas menos alcoólicas podemos utilizar leveduras de baixa atenuação, mas para produzirmos cervejas mais alcoólicas, obrigatoriamente, devemos utilizar leveduras com alta atenuação, daí sua importância.

Sedimentação e floculação são outros dois parâmetros fundamentais no momento da escolha da levedura, e apesar de muita confusão, estes termos não descrevem o mesmo fenômeno, descrevem fenômenos distintos em que um resulta no outro, e já te explico!

Floculação é a capacidade que as leveduras apresentam em formar floóculos, se agregarem. Já a sedimentação é a ação ou efeito de formar sedimentos, se agruparem em camadas. É obvio que a partir destas definições fica claro que são duas ações distintas, mas uma ligada intimamente a outra, pois, quanto maior for a floculação, maior e mais rápida será também sua sedimentação e este quesito está ligado principalmente à transparecia ou turbidez das cervejas sem filtragem.

Tolerância a álcool, apesar dele o álcool ser um subproduto do próprio processo de fermentação realizado pelas leveduras, elas leveduras apresentam tolerância a ele, porque em baixa concentrações de álcool a levedura sobrevive e reduz a concorrência por alimentos com outros microrganismos, mas em altas concentrações o ambiente se torna hostil e as leveduras podem morrer. Por esse motivo devemos verificar se essa tolerância à álcool da nossa levedura e compatível com o estilo de cerveja que estamos fabricando, nos catálogos dos fabricantes de leveduras apresentam sempre essa informação, com a seguinte descrição: "Tolerância a álcool: baixa, média ou alta. Não matem suas leveduras por embriaguez!".

Por fim, o perfil sensorial resultante, a cerveja pode apresentar flavors e off-flavors não exclusivamente adquiridos pelo processo de fermentação, mas a fermentação tem participação fundamental neste quesito. Nesta seção não trataremos os problemas de off-flavors apenas ressaltaremos que obviamente eles são indesejáveis. Mas e os flavors? E se o estilo de cerveja produzida tiver necessidade de apresentar, como por exemplo, características sensoriais específicas tais como especiarias e frutados? Como fazê-los?

Quando do processo de fermentação as leveduras podem e normalmente produzem diversos compostos que influenciam o perfil sensorial da cerveja, tais como: acetaldeídos, álcoois superiores, ésteres, cetonas, compostos fenólicos e compostos de enxofre.

Bem, no caso da busca por resultantes sensoriais específicas tais como especiarias e frutados devemos potencializar a produção de ésteres e de compostos fenólicos produzidos pelas leveduras no processo de fermentação.

É sabido que ésteres como o Acetato de Isoamila produzidos na quantidade correta durante a fermentação introduz aromas e sabores de banana e frutado, esses ésteres estão presentes na maioria das cervejas do tipo Ale e estão muito presentes nas cervejas Ale de trigo, perfil quase indispensável neste segundo caso. Outro éster bem conhecido é o Hexanoato de Etila, ele introduz aromas e sabores de maçã, anis, éster, e frutado que também estão presentes em quase toda as cervejas tipo Ale e tem um papel fundamental no equilíbrio do flavors das cervejas, destacamos sua efetiva participação sensorial nas cervejas Ale Belgas.

Já os compostos fenólicos podem ser oriundos dos cereais, maltes, lúpulos e das leveduras é claro, um dos mais relevantes compostos fenólicos que as leveduras fornecem a cerveja é o ácido ferúlico, normalmente ele é off-flavors para a maioria das cervejas, principalmente cervejas Lager, é inadmissível. Mas quanto esse ácido ferúlico é transformado em 4-vinilguaiacol introduz no perfil sensorial da cerveja notas de cravo, tempero e especiarias, notas esperadas em algumas cervejas de trigo e em algumas cervejas belgas principalmente às de alto teor alcoólico. As leveduras que possuem essa característica são denominas POF+, já as leveduras que não possuem essa característica são denominadas POF-, vale destacar que a maioria das cepas de leveduras cervejeiras são POF-.

Mas e se eu não desejar esses flavors? Como minimizar? Verifique a cepa de levedura utilizada, a composição do mosto, a temperatura de fermentação, a taxa de oxigenação, a inoculação da levedura e a pressão de fermentação, com a seguinte dinâmica.

Mosto com baixa densidade, fermentações com alta pressão e em baixas temperaturas tende a resultar cervejas com baixa formação de flavors.

Observe os catálogos dos fabricantes de leveduras ele mostram claramente em "quadros" quais cepas de leveduras apresentam essas características nos níveis: baixo, médio e alto. Escolha uma levedura que apresente nível baixo no perfil sensorial relativo a especiarias e frutados e execute sua fermentação em temperaturas inferiores à média da temperatura de fermentação daquele tipo levedura.

TAXA DE IINOCULAÇÃO

A taxa de inoculação é a quantidade de células de levedura por extrato em graus plato por mililitros de mosto, que devemos praticar para garantir o número correto de células viáveis objetivando uma fermentação adequada e evitando assim gerar compostos de aromas e sabores indesejáveis, os famosos off-flavors. Normalmente essa taxa de inoculação é dividida para as cervejas tipo Ale com baixa densidade original, cervejas tipo Ale com alta densidade original, cervejas tipo Lager com baixa densidade original, cervejas tipo Lager com alta densidade inicial e tendo valores constantes, conforme tabela a seguir:

Tipo	Taxa de inoculação
Ale com baixas densidade	0,75 milhões de células/°P/ml
Ale com altas densidade	1,0 milhões de células/°P/ml
Lager com baixas densidade	1,5 milhões de células/°P/ml
Lager com altas densidade	2 milhões de células/°P/ml

Número de células necessário (a inocular) para a correta fermentação.

Não é possível produzir uma cerveja sem defeitos e com alta qualidade sem a compreensão da importância deste número, ele é quem garante que o processo fermentativo será realizado com perfeição e qualquer variação significativa neste número fatalmente será percebida sensorialmente no final do processo, podendo pôr em risco toda a batelada. Provavelmente, esse seja um dos maiores motivos de off-flavors em cervejas, e com certeza é o ponto com menor prioridade para os cervejeiros caseiros e para algumas microcervejarias, apesar dessa realidade estar mudando.

A partir da taxa de inoculação explicada na seção anterior podemos determinar quatro simples equações, que resulta no número de células viáveis necessárias para a correta fermentação de um mosto com densidade original e volume prescritos.

Para as cervejas do tipo Ale com baixa densidade, exemplo (OG < 1,060) o número de células necessário para a correta fermentação do mosto é dado pela seguinte equação:

$$N_c = 187,5 \cdot \text{Vol} \cdot (\text{OG} - 1,0) \quad \textbf{[59]}$$

Já, para as cervejas do tipo Ale com alta densidade, exemplo (OG ≥ 1,060) o número de células necessário para a correta fermentação do mosto é dado pela seguinte equação:

$$N_c = 250 \cdot \text{Vol} \cdot (\text{OG} - 1,0) \quad \textbf{[60]}$$

Para as cervejas do tipo Lager com baixa densidade, exemplo (OG < 1,060) o número de células necessário para a correta fermentação do mosto é dado pela seguinte equação:

$$N_c = 375 \cdot \text{Vol} \cdot (\text{OG} - 1,0) \quad \textbf{[61]}$$

Já, para as cervejas do tipo Lager e com alta densidade, exemplo (OG ≥ 1,060) o número de células necessário para a correta fermentação do mosto é dado pela seguinte equação:

$$N_c = 500 \cdot \text{Vol} \cdot (\text{OG} - 1,0) \quad \textbf{[62]}$$

Onde: Nc é o Número de Células Viáveis necessária para fermentação em bilhões de células, Vol é o Volume de mosto a fermentar em litros e OG é a Densidade Original do mosto.

Com as equações apresentadas acima, é possível determinar o peso total de levedura a ser inoculadas em um mosto, considerando primeiramente as leveduras liofilizadas temos:

$$\text{Peso de Levedura} = \frac{N_c}{r_1 \cdot V_i} \quad \textbf{[63]}$$

Onde, Nc é o número de células necessário para a fermentação do mosto, o produto $r_1 \cdot V_i$ é o número de células viáveis por grama de levedura seca, V_i é a sua viabilidade e a razão deles é o peso de levedura a ser inoculado no referido mosto. Se essa levedura foi produzida recentemente pela empresa fornecedora, podemos considerar, na maioria das vezes, a viabilidade como sendo 100%, desde que tenham sido hidratadas e utilizadas no mesmo dia, não havendo guarda. Se a levedura fora antiga, ou seja, data de fabricação antiga é indicado pensar em uma viabilidade menor que 100%. Sabemos que as leveduras liofilizadas perdem em média apenas 4% da sua viabilidade por ano, quando refrigeradas secas e corretamente. Fazer um *starter* ou propagação também é recomendado, mais adiante explicaremos.

Já para leveduras líquidas a equação é análoga às leveduras liofilizadas, o que se distingue é o fato de determinarmos um volume/Vial, normalmente em mililitros, ao invés de peso.

$$\text{Volume de Levedura / Nº Vial} = \frac{N_c}{r_2 \cdot V_i} \quad \textbf{[64]}$$

Onde, Nc é o número de células necessário para a fermentação do mosto, o produto $r_2 \cdot V_i$ é o número de células viáveis por mililitro ou por vial de levedura líquida, V_i é a sua viabilidade e a razão deles é o volume de levedura a ser inoculado no referido mosto. Como as leveduras líquidas são mais sensíveis no quesito viabilidade podemos estimá-la a partir do gráfico a seguir.

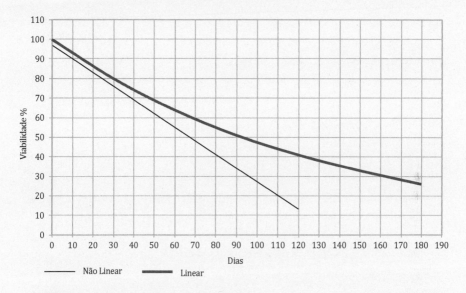

O gráfico apresentado é de extrema importância, pois ele apresenta a evolução da viabilidade em função do tempo de guarda da levedura em dias, observe na representação a existência de duas formulações, uma linear e mais conservadora ou mais crítica e outra não linear e menos conservadora, no entanto ambas podem ser utilizadas com segurança e são frequentemente encontradas na literatura.

As informações dos fatores r_1 e r_2 são fornecidas pelos catálogos dos fabricantes, além, é claro, da data de produção da levedura e sua viabilidade na data de produção.

STARTER OU PROPAGAÇÃO DE LEVEDURAS

Podemos definir o *starter* ou propagação de leveduras como sendo o procedimento que busca o aumento das células viáveis no seu volume inicial de fermento, adicionando açúcares, que normalmente é o extrato de malte e impondo uma oxigenação adequada para tal realização. Este procedimento pode ser feito tanto para as leveduras líquidas quanto para as leveduras liofilizadas resultando em benefícios, tais como a elevação do número de células viáveis para a realização correta da fermentação, a economia no consumo de leveduras, a ativação inicial das células viáveis existentes tendo em vista uma possível dormência relativa à refrigeração entre outros. Chris White e Jamil Zainasheff, afirmam no livro *"Yeast – tThe Practical Guide to Beer Fermentation"* que a densidade e temperatura adequadas para realização de uma propagação são respectivamente SG=1,036 e T=21°C, e após essa propagação a densidade observada estará por volta de SG=1,008. Existem outros fatores importantes neste procedimento, tais como o volume da propagação e o tipo de aeração empregado, os gráficos das páginas xx e xx esclarecem com tais parâmetros influenciam neste crescimento de células.

A seguir, apresentamos o procedimento padrão para a propagação de leveduras:

A) Determine a quantidade de células necessária N_c para a correta fermentação do mosto, apresentados nas equações [29] e [30], conforme estilo.

B) Determine a diferença entre as células existentes no volume prescrito e as células necessárias.

C) Determine o volume de propagação V_p pelo gráfico da página xx.

D) Calcule a Taxa de Inoculação pela equação abaixo.

$$T_i = \frac{N_{cv(i-1)}}{V_p} \quad \textbf{[65]}$$

E) A partir de T_i determinamos o fator de crescimento F_c pelo gráfico da página xx, considerando o tipo de aeração empregado a propagação.

F) E, por fim, no número de células viáveis depois de um passo de propagação é dado pela equação a seguir.

$$N_{cv(i)} = N_{cv(i-1)} \cdot (1 + F_c) \quad \textbf{[66]}$$

G) Compare as $N_{cv(i)}$ for maior que N_c finalize o processo de propagação caso contrário repita o procedimento mais um passo até que $N_{cv(i)} > N_c$.

Fator de Crescimento

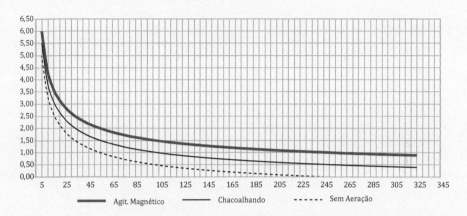

Taxa de Inoculação X Volume de Propagação

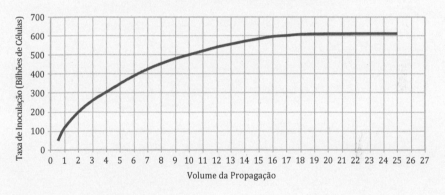

ESTRATÉGIAS DE FERMENTAÇÃO/MATURAÇÃO

Falar de estratégias de fermentação/maturação pode ser algo subjetivo, pois depende muito do pensamento do cervejeiro e seus objetivos no que tange ao produto final, mas apresentarei algumas ideias que venho praticando com eficácia. Primeiramente, trace um esquema de fermentação/maturação com rampas e patamares de temperaturas de forma progressiva, deixando o resfriamento da cerveja e a retirada das leveduras no final do processo.

Para isso identifique as temperaturas mínima e máxima que a cepa de levedura em questão trabalha (ver catalogo dos fabricantes), por exemplo, uma cepa de levedura Lager que trabalha com temperaturas de fermentação entre 8°C a 15°C, ou uma cepa de levedura Ale que trabalha com temperaturas de fermentação entre 16°C a 20°C e proceda da seguinte forma. Para o inóculo das leveduras podemos assumir duas estratégias distintas, a primeira, inocular as leveduras no mosto sempre próximo ao menor valor de temperatura de trabalho, no caso 8°C ou 16°C. Ou a segunda, inocular as leveduras um ou dois graus abaixo da temperatura efetiva de fermentação do mosto.

Temperatura efetiva de fermentação do mosto é o que basicamente chamamos de temperatura de fermentação, onde efetivamente ocorre o consumo dos açúcares, a diminuição da densidade original, a produção do CO_2 e álcool, buscando ou não os ésteres e compostos fenólicos.

John Palmer sugere que as cervejas do tipo Ale deva ter variação máxima de temperatura no período de fermentação em torno de 3°C e para as cervejas do tipo Lager essa variação pode ser estendidas para valores de 4°C a 8°C, observe que tais valores referenciais indicam a máximas variações que teoricamente podermos imprimir em nosso esquema de fermentação/maturação.

Resumidamente, devemos partir de forma progressiva, de temperaturas de fermentação mais "baixa" imprimindo um aumento, respeitado as orientações de Palmer, até atingirmos a temperatura efetiva de fermentação. Mantenha estabilizado essa temperatura efetiva até ocorrer, de 50 cinquenta a 75%setenta e cinco por cento da atenuação, portanto é necessário medir a densidade específica ao longo do tempo. Com o mosto atenuado entre 50% a 75% podemos iniciar a maturação. Definimos maturação como sendo o processo contínuo ao da fermentação, ainda com as leveduras presentes no mosto, na busca da remoção ou redução dos acetaldeídos, ácido sulfídrico e diacetil. Tal resultado só é alcançado quando impomos a esse esquema de fermentação/maturação uma parada, denominada para de diacetil.

Portanto na busca da parada do diacetil aplicamos uma segunda rampa de temperatura objetivando valores superiores, 3três, 4quatro ou até mesmo 5°C cinco graus Celsius a cima da temperatura efetiva de fermentação e o tempo de parada desta fase é apresentado pela equação a seguir, destacamos que é importante continuar medindo a densidade específica e verificando a atenuação.

$$\text{Dias de Descanso do Diacetil} = \frac{100 - \dfrac{\text{Temperatura de Fermentação}}{}}{\text{Temperatura de Descanso do Diacetil}}$$

A literatura específica orienta dois dias para esta parada de diacetil, adiante verificaremos este dado através da equação acima. Uma vez a cerveja atenuada, ou seja, atingimos a densidade final prescrita impomos uma terceira rampa de temperatura, agora decrescente, até atingirmos um valor por volta de 4°C, uma taxa de redução em torno de 8°C por dia, pois essa baixa temperatura favorece a floculação e em seguida a sedimentação, então retire o fermento do tanque de fermentação e continua maturação, que pode ser realizado com temperaturas próximas a 0°C.

Por fim, confeccione gráficos contendo as seguintes informações "Dias de Fermentação" *versus* "Densidade Específica" *versus* "Temperatura de Fermentação" para cada cepa de levedura aplicada a cada estilo de cerveja produzido, colecione estes gráficos e no futuro, qualquer disfunção na fermentação será facilmente detectada.

EXEMPLO 23 Determine o peso de levedura liofilizada necessário para fermentar 20 litros de mosto, para uma cerveja tipo Ale com densidade original OG=1,065, sabendo que o fabricante indica uma concentração de r_1 = 15 bilhões de células viáveis / gramas

$N_c = 250 . \text{Vol} . (\text{OG} - 1,0)$

$N_c = 250 . \text{Vol} . (1,065 - 1,0)$

$Nc = 325$ milhões de células

$$\text{Peso de Levedura} = \frac{N_c}{r_1 . V_i}$$

$$\text{Peso de Levedura} = \frac{325}{15 . 100\%}$$

Peso de Levedura = 21,67 gramas

EXEMPLO 24 Após uma brassagem no dia 6 de setembro de 2015, pretende-se fermentar 20 litros de mosto com densidade original OG=1,050 utilizando levedura líquida tipo Lager. Essa levedura apresenta no seu frasco (Vial) a data de envase como sendo 7 de agosto de 2015 e que ele apresentava 100 bilhões de células viáveis por frasco.

Determine:

a) O número de células viáveis necessário para a correta fermentação do mosto.

b) O número de frascos necessário para a fermentação deste mosto.

Solução:

a) N_c = 375 . Vol . (OG – 1,0)

Nc = 375 . 20 . (1,050 – 1,0) = 375 Bilhões de células

b) Observando as datas de envase e da utilização da levedura, transcorreu 30 dias. Partindo do gráfico da página 183 e considerando a relação linear entre Dias x Viabilidade, adotaremos 76% para esse fator.

$$N^o \text{ de Frasco} = \frac{N_c}{r_2 . V_i}$$

$$N^o \text{ de Frasco} = \frac{325}{100 . 76\%}$$

N^o de Frasco = 4,93 $\cong$ 5 Frascos

EXEMPLO 25 Partindo do exercício anterior e considerando que você no momento só possui um único frasco (vial) de levedura para a fermentação do mosto, determine um esquema de propagação que atenda sua necessidade.

a) Aeração com agitador magnético;

b) Sem aeração.

Solução:

Número de células necessário.

$N_c = 375$ Bilhões de Células Viáveis

Número de Células Viáveis em um frasco de levedura.

$$N^{\underline{o}} \text{ de Frasco} = \frac{N_c}{r_2 \cdot V_i}$$

$N_{cv} = N^{\underline{o}} \text{ de Frasco} \cdot r_2 \cdot v_i$

$N_{cv} = 1 \cdot 100 \cdot 76\%$

$N_{cv} = 76$ Bilhões de Células Viáveis

Determinamos o Volume da Propagação a partir do gráfico apresentado na página 183, da seguinte forma:

Diferença $= N_c - N_{cv}$

Diferença $= 375 - 76 = 299$ Bilhões de células

O gráfico apresenta como resultado um volume de propagação próximo a 4 litros, por opção executaremos essa propagação em dois passos de 2 litros.

a) Aeração com agitador magnético:

Equações gerais:

$$T_i = \frac{N_{cv\,(i-1)}}{V_p}$$

A partir de T_i determinamos F_c pelo gráfico da página 183 considerando o tipo de aeração que será utilizado na propagação. Em seguida, determinamos no número de células viáveis, pela equação a seguir.

$N_{cv(i)} = N_{cv(i-1)} \cdot (1 + F_c)$

1° passo::

$$T_1 = \frac{N_{cv\,(0)}}{V_p} = \frac{76 \text{ Bilhões}}{2 \text{ litros}} = 38 \frac{\text{Bilhões}}{\text{litros}}$$

Pelo gráfico da página 183, considerando a aeração com agitador magnético, temos:

$$F_{c1} = 2,36$$

Logo,

$$N_{cv(1)} = N_{cv(0)} \cdot (1 + F_{c1})$$

$$N_{cv(1)} = 76 \cdot (1 + 2,36)$$

$$N_{cv(1)} = 255,36 \text{ Bilhões de células viáveis}$$

Inferior à nossa necessidade, que é $N_c = 375$ Bilhões de células Viáveis, desta forma realizaremos um segundo passo.

2° passo:

$$T_2 = \frac{N_{cv(1)}}{V_p} = \frac{255,36 \text{ Bilhões}}{2 \text{ litros}}$$

$$T_2 = 127,6 \frac{\text{Bilhões}}{\text{litros}}$$

Pelo gráfico da página 183, considerando a aeração com agitador magnético, temos:

$$F_{c2} = 1,35$$

Logo,

$$N_{cv(2)} = N_{cv(1)} \cdot (1 + F_{c2})$$

$$N_{cv(2)} = 255,36 \cdot (1 + 1,35)$$

$$N_{cv(2)} = 600 \text{ Bilhões de células viáveis}$$

Superior à nossa necessidade, que é $N_c = 375$ Bilhões de Células Viáveis desta forma finalizaremos a propagação em apenas dois passos.

b) Sem aeração:

Equações gerais:

$$T_i = \frac{N_{cv(i-1)}}{V_p}$$

A partir de T_i determinamos F_c pelo gráfico da página 183 considerando o tipo de aeração que será utilizado na propagação. Em seguida, determinamos no número de células viáveis, pela equação a seguir.

$$N_{cv(i)} = N_{cv(i-1)} \cdot (1 + F_c)$$

1° passo:

$$T_1 = \frac{N_{cv(0)}}{V_p} = \frac{76 \text{ Bilhões}}{2 \text{ litros}} = 38 \frac{\text{Bilhões}}{\text{litros}}$$

Pelo gráfico da página 183, considerando sem aeração, temos:

$$F_{c1} = 1{,}36$$

Logo,

$$N_{cv(1)} = N_{cv(0)} \cdot (1 + F_{c1})$$

$$N_{cv(1)} = 76 \cdot (1 + 1{,}36)$$

$$N_{cv(1)} = 179{,}4 \text{ Bilhões de Células Viáveis}$$

Inferior aà nossa necessidade, que é $N_c = 375$ Bilhões de Células Viáveis desta forma realizaremos um segundo passo.

2° passo:

$$T_2 = \frac{N_{cv(1)}}{V_p} = \frac{179{,}4 \text{ Bilhões}}{2 \text{ litros}}$$

$$T_1 = 89{,}7 \frac{\text{Bilhões}}{\text{litros}}$$

Pelo gráfico da página 183, considerando sem aeração, temos:

$$F_{c2} = 0{,}59$$

Logo,

$$N_{cv(2)} = N_{cv(1)} \cdot (1 + F_{c2})$$

$$N_{cv(2)} = 179{,}4 \cdot (1 + 1{,}59)$$

$$N_{cv(1)} = 285{,}2 \text{ Bilhões de Células Viáveis}$$

Ainda inferior aà nossa necessidade, que é N_c = 375 Bilhões de Células Viáveis, desta forma realizaremos um terceiro passo.

3° passo:

$$T_3 = \frac{N_{cv(2)}}{V_p} = \frac{285,2 \text{ Bilhões}}{2 \text{ litros}}$$

$$T_2 = 142,6 \; \frac{\text{Bilhões}}{\text{litros}}$$

Pelo gráfico da página 183, considerando sem aeração, temos:

$F_{c3} = 0,29$

Logo,

$N_{cv(3)} = N_{cv(2)} \cdot (1 + F_{c3})$

$N_{cv(3)} = 285,2 \cdot (1 + 0,29)$

$N_{cv(3)} = 367,9$ Bilhões de Células Viáveis

Bem próximo ao necessário, mas ainda inferior aà nossa necessidade, que é N_c = 375 Bilhões de Células Viáveis, desta forma realizaremos um último passo.

4° passo:

$$T_4 = \frac{N_{cv(3)}}{V_p} = \frac{367,9 \text{ Bilhões}}{2 \text{ litros}}$$

$$T_4 = 184,0 \; \frac{\text{Bilhões}}{\text{litros}}$$

Pelo gráfico da página 183, considerando sem aeração, temos:

$F_{c4} = 0,14 \cong$

Logo,

$N_{cv(4)} = N_{cv(3)} \cdot (1 + F_{c3})$

$N_{cv(4)} = 367,9 \cdot (1 + 0,14)$

$N_{cv(4)} = 419,4$ Bilhões de Células Viáveis

Superior à nossa necessidade, que é N_c = 375 Bilhões de Células Viáveis, desta forma finalizaremos a propagação em quatro passos, observe a diferença de fazer uma propagação com aeração do tipo agitador magnético e sem aeração.

EXEMPLO 26 Como já foi mencionado anteriormente, Chris White e Jamil Zainasheff, afirma no seu livro *Yeast – The Practical Guide to Beer Fermentation*, que a densidade e temperatura adequadas para se realizar uma propagação são respectivamente SG=1,036 e T=21°C. Determine a quantidade de extrato de malte (DME) necessário para a realização de cada passo de propagação relativo ao exercício anterior, utilizando a formulação da página xx do capítulo 3.

$$SG = 1 + \Sigma\, k_1 \left(\frac{M_{adjunto}}{V_{mosto}} \right) \quad \textbf{[68]}$$

Obs.: Essa formulação apresenta intricadamente as unidades kg e litros. Pela tabela da página 42, k_1 = 0,367.

$$1,036 = 1 + 0,367 \left(\frac{M_{DME}}{V_p} \right)$$

$0,036 \cdot V_p = 0,367 \cdot M_{DME}$

$M_{DME} = 0,098 \cdot V_p$ [em kg]

ou

$M_{DME} = 98 \cdot V_p$ [em g]

O volume de propagação V_p foi fixado em 2 litros, logo:

M_{DME} = 98 . 2 Litros = 196 g de DME

De extrato de malte para cada propagação.

EXEMPLO 27 Trace um esquema de fermentação e represente na forma gráfica para uma levedura inglesa tipo Ale, com temperaturas de trabalho variando entre 16°C e 22°C, estabelece uma parada de diacetil e minimize a formação de ésteres e complexos fenólicos.

Dias	Temperatura	Ação
0	16°C	Inoculação
1	18°C	Fermentação
2	18°C	Fermentação
3	18°C	Fermentação
4	20°C	Maturação/Diacetil
5	20°C	Maturação/Diacetil
6	4°C	Maturação/Remoção da Levedura
7	4°C	Maturação/Remoção da Levedura
8	0°C	Maturação
9	0°C	Maturação
10	0°C	Maturação

$$\text{Dias de Descanso do Diacetil} = \frac{100 - \begin{array}{c}\Sigma \text{ Temperatura}\\ \text{de Fermentação}\end{array}}{\begin{array}{c}\text{Temperatura de}\\ \text{Descanso do Diacetil}\end{array}}$$

$$\text{Dias de Descanso do Diacetil} = \frac{100 - (16 + 18 + 18 + 18)}{20}$$

Dias de Descanso do Diacetil = 1,5 ≅ 2 Dias a 20 °C

EXEMPLO 28 Trace um esquema de fermentação e represente na forma gráfica para uma levedura belga tipo Ale, com temperaturas de trabalho variando entre 18°C e 28°C, estabelece uma parada de diacetil e valorize a formação de ésteres e complexos fenólicos.

Dias	Temperatura	Ação
0	18°C	Inoculação
1	21°C	Fermentação
2	24°C	Fermentação
3	24°C	Fermentação
4	24°C	Maturação/Diacetil
5	4°C	Maturação/Remoção da Levedura
6	4°C	Maturação/Remoção da Levedura
7	0°C	Maturação
8	0°C	Maturação
9	0°C	Maturação
10	0°C	Maturação

$$\text{Dias de Descanso do Diacetil} = \frac{100 - \begin{array}{c}\Sigma \text{ Temperatura}\\ \text{de Fermentação}\end{array}}{\begin{array}{c}\text{Temperatura de}\\ \text{Descanso do Diacetil}\end{array}}$$

$$\text{Dias de Descanso do Diacetil} = \frac{100 - (18 + 21 + 24 + 24)}{24}$$

Dias de Descanso do Diacetil = 0,54 ≅ 1 Dia a 24 °C

EXEMPLO 29 Trace um esquema de fermentação e represente na forma gráfica para uma levedura alemã tipo Llager, com temperaturas de trabalho variando entre 8°C e 15°C, estabelece uma parada de diacetil e minimize a máximo a formação de ésteres e complexos fenólicos.

Dias	Temperatura	Ação
0	8°C	Inoculação
1	12°C	Fermentação
2	12°C	Fermentação
3	12°C	Fermentação
4	12°C	Fermentação
5	12°C	Fermentação
6	12°C	Fermentação
7	18°C	Maturação/Diacetil
8	18°C	Maturação/Diacetil
9	4°C	Maturação/Remoção da Levedura
10	4°C	Maturação/Remoção da Levedura
11	0°C	Maturação
12	0°C	Maturação

Dias de Descanso do Diacetil = $\dfrac{100 - \Sigma \text{ Temperatura de Fermentação}}{\text{Temperatura de Descanso do Diacetil}}$

Dias de Descanso do Diacetil = $\dfrac{100 - (8 + 12 + 12 + 12 + 12 + 12 + 12)}{18}$

Dias de Descanso do Diacetil = 1,11 ≅ 2 Dias a 18 °C

FINALIZAÇÕES

Agora que vamos nos aproximamos do fim do livro, ainda nos resta algumas definições extras, bem como sua formulação e aplicação. Conceitos de extrema importância na produção de cerveja, tais como: Extrato, Densidade Específica, Densidade Original, Densidade Real, Densidade Aparente, Densidade Final, Atenuação Aparente, Atenuação Real, Teor Alcoólico, Calorias, Carbonatação e Priming.

EXTRATO

A razão entre Massa de Soluto por Massa de Solução é denominada *Extrato*, sua escala de medida é o °Plato e significa 1gum grama de açúcar por 100gcem gramas de solução, essa grandeza pode ser medida através de um refratômetro.

$$P = \frac{m_{soluto}}{m_{solução}} \quad [69]$$

DENSIDADE ESPECÍFICA (S.G.)

Denomina-se *Densidade Específica* à grandeza adimensional que é representada pela razão entre massa específica da substância pela massa específica da água.

$$SG = \frac{\rho_{Sub}}{\rho_{H2O}} \quad [70]$$

Já a *Massa Específica* de uma substância por sua vez é a razão entre massa do soluto por volume de solução (Soluto + Solvente).

$$\rho_{Sub} = \frac{Massa}{Volume} \quad [71]$$

Considerando a massa específica da água igual a ρ_{H2O} = 1kg/litro a grandeza Densidade Específica (SG), assume de forma resultante o valor da Massa Específica da substância (ρ_{Sub}), daí o motivo de algumas literaturas relativas a esse assunto definir a Densidade Específica como sendo a razão entre massa dissolvida por volume de mosto. Essa grandeza pode ser medida a qualquer tempo ao longo do processo de fabrico da cerveja por meio de um densímetro.

O densímetro é um instrumento que mensura a Densidade Específica, no entanto sua "engenharia amarra" a escala de medição com uma densidade referência, que no caso é a densidade da água. Assim quando a substância for a própria água, a leitura no instrumento será SG = 1,000 e quando a substância for uma outra qualquer à leitura no instrumento apontará SG = 1, XXX , onde (100 * 0,XXX) representa a porcentagem que a solução supera o "peso" da água. Exemplificando, considere uma substância cuja leitura no densímetro apontou um valor de Densidade Específica igual a SG = 1,060, conclui-se então que ela é 6% "mais pesada" que a água. Diante do exposto, e por praticidade introduziremos na definição inicial de Densidade Específica o número 1 para compatibilizarmos a leitura no instrumento com os cálculos.

$$S.G. = 1 + \left(\frac{\text{Massa de Soluto}}{\text{Volume de Mosto}} \ / \ 1\text{kg/l} \right) \quad \textbf{[72]}$$

Existem equações que correlacionam o Extrato com a Densidade, tais como:

$$P = 250 \cdot SG - 250 \quad \textbf{[73]}$$

$$P = -205,35 \cdot SG^2 + 668,72 \cdot SG - 463,37 \quad \textbf{[74]}$$

$$P = 182,94 \cdot SG^3 - 776,43 \cdot SG^2 + 1262,45 \cdot SG - 668,962 \quad \textbf{[75]}$$

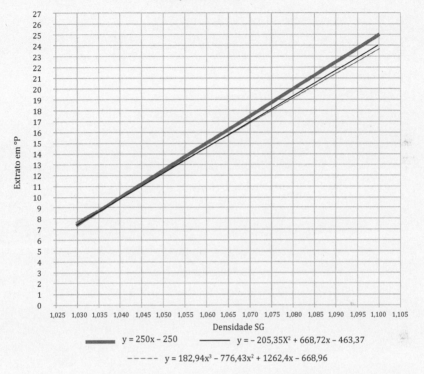

A primeira equação apresentada é uma formulação simplificada para o cálculo, mas comumente usada na produção de cervejas e as outras duas formulações apesar de serem mais precisas são menos utilizadas.

Originalmente, o instrumento de medida mais comum nas microcervejarias e nas "cervejarias caseiras" era o densímetro, por isso adotamos a notação de Densidade Específica como sendo o padrão neste trabalho, mas esclarecemos que do ponto de vista do controle cervejeiro não há diferença entre extrato em °Plato e densidade específica, ambos podem ser empregados. A utilização de refratômetros pelos cervejeiros caseiros e microcervejarias é crescente, cada vez mais esse instrumento de medida está presente no nosso dia a dia, neste caso utilize as fórmulas de conversão já apresentadas.

Aplicações e definições consequentes relativos à Densidade Específica.

DENSIDADE ORIGINAL

Após a brassagem e antes do início da fermentação o mosto apresenta na sua maioria açúcares fermentáveis e açúcares não fermentáveis aqui denominado de soluto, o solvente basicamente é a água, tendo em vista a inexistência do álcool, e, por fim, a solução é o mosto resultante da brassagem. Essa densidade no tempo inicial, tempo igual a zero, antes do processo fermentativo se iniciar é denominada de *Densidade Original* (OG)

$$\text{O.G.} = 1 + \left(\frac{\text{Massa de Soluto*}}{\text{Volume de Mosto**}} \middle/ 1\text{kg/l} \right) \quad \textbf{[76]}$$

*Basicamente os açúcares fermentáveis e não fermentáveis.
** Ausência de álcool no mosto.

DENSIDADE APARENTE

Ao longo do processo fermentativo parte da massa de soluto, relativo aos açúcares fermentáveis diminui e o volume de álcool aumenta em relação ao tempo. Neste caso, a razão entre a massa de soluto e volume de solução é denominado de Densidade Aparente. Observe que neste momento devido à fermentação corrente, parte dos açúcares fermentáveis agora inexistem, em contraponto parte do volume do mosto agora apresenta o álcool. Esse álcool impõe um "erro" de leitura no densímetro tendo em vista que ele é mais "leve" que a água, daí a necessidade da aplicação do termo Aparente.

$$\text{A.G.} = 1 + \left(\frac{\text{Massa de Soluto*}}{\text{Volume de Mosto**}} \middle/ 1\text{kg/l} \right) \quad \textbf{[77]}$$

*Sem parte dos açúcares fermentáveis.
** "Mosto" apresentando algum volume de áÁlcool.

DENSIDADE REAL

Em uma situação onde se substitui esse volume de álcool resultante da fermentação, por um volume de água relativo, e recalculando a equação anterior o resultado recebe o nome de *Densidade Real*, pois essa substituição elimina o erro de medida causado pelo álcool, ao seja:

$$R.G. = 1 + \left(\frac{\text{Massa de Soluto*}}{\text{Volume de Mosto**}} \ / \ 1kg/l \right) \ [78]$$

*Sem parte dos açúcares fermentáveis.

** "Mosto" com substituição do volume de álcool por água.

DENSIDADE FINAL APARENTE (FG)

Quando o processo fermentativo já se encerrou e a alquimia da transformação do mosto em cerveja "verde" já ocorreu, observamos que o soluto não apresenta mais açúcares fermentáveis e o solvente é agora composto por água e álcool, e aplicando o conceito de densidade anterior, o que se tem é a *Densidade Final Aparente* (FG).

$$F.G. = 1 + \left(\frac{\text{Massa de Soluto*}}{\text{Volume de Mosto**}} \ / \ 1kg/l \right) \ [79]$$

* Sem a totalidade dos açúcares fermentáveis.

** "Mosto" com o volume máximo de álcool, volume final de álcool da cerveja.

DENSIDADE FINAL REAL (FG.R)

Do mesmo modo, se substituirmos esse volume de álcool resultante da fermentação, por um volume de água relativo, e recalculando a equação anterior esse resultado recebe a denominação de *Densidade Final Real*, pois essa substituição elimina o erro de medida causado pelo álcool, ao seja:

$$FG.R = 1 + \left(\frac{\text{Massa de Soluto*}}{\text{Volume de Mosto**}} \ / \ 1kg/l \right) \ [80]$$

* Se Sem a totalidade dos açúcares fermentáveis.

** "Mosto" com substituição do volume de álcool por água.

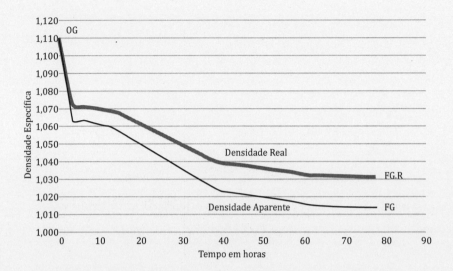

A partir das definições anteriores e do gráfico (esquemático) mostrando o comportamento da densidade específica pelo tempo de fermentação em horas, pode-se concluir:

- **a.** A Densidade Original O.G. é a mesma, quer para a curva real, quer para a curva aparente, pois no tempo igual a zero não existe álcool resultante da fermentação e assim não existe erro relativo ao álcool.
- **b.** AÀ medida que o tempo passa e a fermentação se realiza, a quantidade de álcool aumenta, e passa a existir uma diferença entre a densidade real e a densidade aparente, essa diferença aumenta com o passar do tempo e atinge seu maior valor no final da fermentação.
- **c.** A Densidade Aparente sempre é menor do que a Densidade Real, pelo fato do álcool ser mais "leve" que a água.
- **d.** A Densidade Final F.G. é justamente o ponto onde temos a maior diferença entre a curva real e aparente.

A equação que relaciona a Densidade Real com a Densidade Aparente é:

$$RG = 0{,}1808 \cdot (OG) + 0{,}8192 \cdot (SG) \quad [81]$$

Tabela de Densidades Específicas para diversos ingredientes cervejeiros.

Malte	Densidade Específica - SG
Pilsen	1,300
Pale Ale	1,300
Maris Otter Pale Ale	1,317
Viena	1,300
Munich II	1,309
Melanoidina	1,309
Caramelo 20	1,284
Caramelo 50	1,284
Caramelo 120	1,284
Caralemo 150	1,284
Especial B	1,250
Chocolate	1,284
Black	1,209
Trigo	1,325
Acidificado	1,225
Abbey	1,284
Aromatic	1,300
Biscuit	1,300
Açúcar	1,384
Açúcar demerara	1,384
Açúcar invertido	1,384
Açúcar mascavo	1,384
Arroz em flocos	1,267
Aveia em flocos	1,275
Candi Sugar Ambar	1,300
Candi Sugar Claro	1,300
Candi Sugar Escuro	1,300
Grits de milho	1,310
Mel	1,292
Trigo em flocos	1,310

ATENUAÇÃO

A *atenuação* nada mais é do que a porcentagem de extrato do mosto que foi convertido em álcool e CO2. Matematicamente é representada por uma relação entre a Densidade Original e a Densidade Final em porcentagem. Escolher uma levedura com atenuação adequada é essencial, pois partindo da Densidade Original só é possível atingirmos a Densidade Final prescrita depois da fermentação realizada com sucesso, com a escolha acertada desta levedura é fundamental. Como a atenuação está ligada ao consumo do extrato fica claro que leveduras com alto nível de atenuação produzem cervejas mais "secas" e "menos maltadas". Das definições anteriores, destacamos também que diante de "duas" Densidades Finais, uma real e outra aparente, nos impõem a necessidade de definir também "duas" atenuações, uma atenuação aparente e outra atenuação real, apesar das definições acima, lembre-se que na prática usamos as densidade e atenuação aparentes como referência, pois esse é o parâmetro mensurado na produção cervejeira.

Atenuação Aparente (ATA)

$$ATA = 100 \cdot \left(\frac{OG - FG}{OG - 1} \right) \quad [82]$$

Atenuação Real (ATR)

$$ATR = 100 \cdot \left(\frac{OG - FG \cdot R}{OG - 1} \right) \quad [83]$$

Teor de álcool e calorias em cervejas

Depois da fermentação do mosto e sua atenuação chegamos à cerveja propriamente dita, com o CO2 e álcool, o nível de álcool presente na cerveja pode ser estimado a partir das densidades iniciais, finais e aplicando fórmulas empíricas que podem ser expressas em função de volumes por volume, mililitro de álcool por 100 mililitro de cerveja, ou em função de massa por massa, gramas de álcool por 100 gramas de cerveja, ambos expresso em porcentagens. O primeiro é denominado ABV e o segundo é denominado ABW.

$$ABV = 133 \cdot (OG - FG) \quad [84]$$

e

$$ABW = 104 \cdot (OG - FG) \quad \textbf{[85]}$$

Outra variável a ser estimada é a quantidade de calorias por um determinado volume de cerveja, neste caso usa-se uma fórmula empírica que apresenta as calorias relativas à quantidade de álcool, no valor de 6 cal/g de álcool e relativa aos carboidratos, no valor de 4 cal/g de carboidratos.

$$Cal = \frac{FG \cdot V}{100} \cdot [6,9 \cdot ABW\% + 4,0 \, ((FG \cdot R - 1,0) \cdot 250) - 0,1] \quad \textbf{[86]}$$

Onde FG – é a Densidade Final Aparente, FG·R – é a Densidade Final Real; ABW – Teor de Álcool em massa e V – Volume de cerveja em mililitros.

NÍVEL DE CARBONATAÇÃO E PRIMING

Podemos entender o nível de carbonatação de uma cerveja como sendo a quantidade de dióxido de carbono que nela existe, normalmente esta grandeza é descrita em volume de CO_2 e cada estilo de cerveja apresenta uma quantidade específica que deve ser respeitada. Este volume de CO_2 é conseguido normalmente através do processo de natural fermentação, e, na maioria das vezes, principalmente para a fermentação dita "aberta", parte desse volume é desprezado, descartado ao ambiente através da válvula de alívio denominada Airlock. Em outras palavras, apenas uma pequena parte deste CO_2 é retida pela cerveja, sua maior parte é desprezada, esse volume retido é denominado de volume residual e está intimamente ligada à temperatura final de fermentação. Diante deste fato, temos que, no envase da cerveja, fazer a complementação deste CO_2 residual (da fermentação) para se atingir o valor de referência estipulado inicialmente pelo cervejeiro em busca do padrão do estilo. A forma mais comum para alcançarmos este volume de CO_2 complementar é através da adição de açúcares fermentáveis provocando uma segunda fermentação da cerveja só que agora na garrafa ou barril, este processo recebe o nome de Priming. Qualquer fonte de açúcar pode ser utilizada neste processo, açúcar comum (Sacarose), açúcar mascavo, açúcar demerara, mel, extrato de malte entre outros, no entanto o usual é a utilização de um açúcar comum numa forma modificada, denominado de açúcar invertido. Açúcar invertido nada mais é do que uma reação em meio ácido e fonte de calor da sacarose embebida em água, provocando a quebra do mesmo em dois outros açúcares a glicose e a frutose.

$C_{12}H_{22}O_{11}$ (Sacarose) + H_2O (Água) = $C_6H_{12}O_6$ (Glicose) + $C_6H_{12}O_6$ (Frutose)

A quantidade de sacarose necessária para a produção do açúcar invertido, levando em conta o volume da batelada e volume de CO2 requerido definimos a seguinte equação:

$$Q_p = 4 \cdot (\text{Vol de CO2} - \text{Vol de CO2 Residual}) \cdot \text{Vol de Cerveja (litros) (Gramas)} \quad [87]$$

Onde:

Q_p – peso de Priming em gramas para a referida carbonatação.

Vol de CO2 – é o volume de dióxido de carbono necessário conforme o estilo da cerveja.

Vol de CO2 Residual – é o volume de dióxido de carbono produzido na fermentação da cerveja e ainda "impregnado" na mesma.

Vol de Cerveja – volume de cerveja da produção em litros.

A equação anterior pode ser escrita de forma mais geral ao introduzirmos uma constante R, referente aos diversos fermentáveis, tais como açúcar comum, açúcar demerara, açúcar mascavo, extrato de malte seco e mel. Nestes casos, é sugerida a aplicação destes fermentáveis de forma direta no momento de envase.

$$Q_p = R \cdot (\text{Vol de CO2} - \text{Vol de CO2 Residual}) \cdot \text{Volume de Cerveja (Litros)}$$
$$(\text{Gramas}) \quad [88]$$

Onde R é dado pela tabela abaixo.

Fermentáveis	R
Açúcar comum	4,0
Açúcar demerara	4,0
Açúcar mascavo	4,0
Extrato de malte	5,9
Mel	5,15

A seguir apresentamos valores recomendáveis para os volumes de CO2 por estilos de cervejas.

Beer Style	Vol de CO2
American Light Lager	2,6
American Lager	2,6
Cream Ale	2,6
American Wheat Beer	2,6
International Pale Lager	2,6
International Amber Lager	2,6
International Dark Lager	2,6
Czech Pale Lager	2,6
Czech Premium Pale Lager	2,6
Czech Amber Lager	2,6
Czech Dark Lager	2,6
Munich Helles	2,7
Festbier	2,7
Helles Bock	2,7
German Leichtbier	2,7
Kölsch	2,7
German Helles Exportbier	2,7
German Pils	2,6
Märzen	2,7
Rauchbier	2,5
Dunkles Bock	2,5
Vienna Lager	2,5
Altbier	2,7
Kellerbier	2,7
Amber Kellerbier	2,7
Munich Dunkel	2,5
Schwarzbier	2,5
Doppelbock	2,7
Eisbock	2,7
Baltic Porter	2,1
Weissbier	3,5
Dunkles Weissbier	3,5
Weizenbock	3,5
Ordinary Bitter	1,7
Best Bitter	1,7
Strong Bitter	1,7

Beer Style	Vol de CO2
British Golden Ale	2,5
Australian Sparkling Ale	2,9
English IPA	2,5
Dark Mild	1,7
British Brown Ale	2,0
English Porter	2,0
Scottish Light	2,0
Scottish Heavy	2,0
Scottish Export	2,0
Irish Red Ale	2,6
Irish Stout	2,0
Irish Extra Stout	2,0
Sweet Stout	2,0
Oatmeal Stout	2,0
Tropical Stout	2,0
Foreign Extra Stout	2,0
British Strong Ale	2,0
Old Ale	2,0
Wee Heavy	2,1
English Barleywine	1,8
Blonde Ale	2,7
American Pale Ale	2,6
American Amber Ale	2,3
California Common	2,8
American Brown Ale	2,4
American Porter	2,4
American Stout	2,4
Imperial Stout	2,2
American IPA	2,6
Belgian IPA	2,6
Black IPA	2,6
Brown IPA	2,6
Red IPA	2,6
Rye IPA	2,6
White IPA	2,6
Double IPA	2,6

Beer Style	Vol de CO2	Beer Style	Vol de CO2
American Strong Ale	2,3	Bière de Garde	3,1
American Barleywine	1,8	Belgian Blond Ale	2,7
Wheatwine	2,0	Saison (pale) (standard)	3,1
Berliner Weisse	2,6	Saison (dark) (standard)	3,1
Flanders Red Ale	2,5	Saison (pale) (table)	3,1
Oud Bruin	2,2	Saison (pale) (super)	3,1
Lambic	2,5	Belgian Golden Strong Ale	2,5
Gueuze	2,2	Trappist Single	2,5
Fruit Lambic	2,5	Belgian Dubbel	2,5
Witbier	2,9	Belgian Tripel	2,5
Belgian Pale Ale	2,5	Belgian Dark Strong Ale	2,5

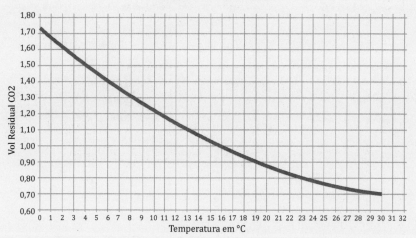

Volume Residual de CO2

EXEMPLO 30 A partir das definições deste capítulo e da tabela de densidades específica da página 205, determine a densidade original do mosto que contém 3,63kg de Malte Pilsen e 0,45kg de Malte Black, o volume final do lote é 18,93 litros e a eficiência da brassagem 72%.

Solução:

Malte Pilsen – SG = 1,300, ou seja, sua contribuição na densidade original é de 30%.

Malte Black – SG = 1,209, ou seja, sua contribuição na densidade original é de 20,9%.

1° passo: - Multiplicar os pesos de maltes pelas suas contribuições.

Malte Pilsen – 30% x 3,63kg = 1,089kg

Malte Black – 20,9% x 0,45kg = 0,094kg

2° passo: Aplicar a eficiência ligada à brassagem, pois a extração dos solutos é menor do que a calculada no item anterior. Esse item só é aplicado para os ingredientes que participam da mostura, sendo desnecessário aplicar nos ingredientes que participam na fervura.

Malte Pilsen – 72% x 1,089kg = 0,784 kg

Malte Black – 72% x 0,094kg = 0,0677kg

Totalizando = 0,852kg

3° passo: Calcular a Densidade Original

$$O.G. = 1 + \left(\frac{\text{Massa de Soluto}}{\text{Volume de Mosto}} \ / \ 1kg/l \right)$$

Lembrando que 1kg/l refere-se à massa específica da água.

$$O.G. = 1 + \left(\frac{0,852}{18,9\,l} \ / \ 1kg/l \right) = 1,045$$

EXEMPLO 31 No exemplo 3 deste livro determinou-se a quantidade de malte e adjuntos necessários para produzirmos uma Imperial Stout, a partir destes dados, das definições deste capítulo e da tabela de densidades específica da página 205, determine a densidade original.

Maltes	Peso (kg)
Malte Pale Ale	7,79kg
Malte Black	0,23kg
Malte Chocolate	0,5kg
Malte Carafa I	0,5kg
Malte Trigo	0,5kg
Açúcar	0,5kg
Aveia em flocos	0,5kg

Malte Pale – SG = 1,300, ou seja, sua contribuição na densidade original é de 30%.

Malte Black – SG = 1,209, ou seja, sua contribuição na densidade original é de 20,9%.

Malte Chocolate – SG = 1,284, ou seja, sua contribuição na densidade original é de 28,4%.

Malte Carafa I – SG = 1,267, ou seja, sua contribuição na densidade original é de 26,7%.

Malte de Trigo – SG = 1,325, ou seja, sua contribuição na densidade original é de 32,5%.

Aveia em Flocos – SG = 1,275, ou seja, sua contribuição na densidade original é de 27,5%.

Açúcar – SG = 1,384, ou seja, sua contribuição na densidade original é de 38,4%.

1º passo: Multiplicar os pesos de maltes pelas suas contribuições.

Malte Pale – 30% x 7,79kg = 2,337kg

Malte Black – 20,9% x 0,23kg = 0,0481kg

Malte Chocolate – 28,4% x 0,5kg = 0,142kg

Malte Carafa I – 26,7% x 0,5kg = 0,1335kg

Malte de Trigo – 32,5% x 0,5kg = 0,1625kg

Aveia em Flocos – 27,5% x 0,5kg = 0,1375kg

Açúcar – SG = 38,4% x 0,5kg = 0,192kg

2º passo: Aplicar a eficiência ligada à brassagem, pois a extração dos solutos é menor do que aqueles calculados no item anterior. Esse item só é aplicado para os ingredientes que participam da mostura, sendo desnecessário aplicar nos ingredientes que participam na fervura.

Malte Pale = 2,337kg

Malte Black = 0,0481kg

Malte Chocolate = 0,142kg

Malte Carafa I = 0,1335kg

Malte de Trigo = 0,1625kg

Aveia em flocos = 0,1375kg

Totalizando = 2,961kg x 70% = 2,073kg

Somamos a este valor o peso do açúcar, Açúcar = 0,192kg e temos 2,265kg de soluto.

3° passo: Calcular a Densidade Original

$$O.G. = 1 + \left(\frac{\text{Massa de Soluto}}{\text{Volume de Mosto}} \; / \; 1kg/l \right)$$

Lembrando que 1kg/l refere-se à massa específica da água.

$$O.G. = 1 + \left(\frac{2,665kg}{20 \, l} \; / \; 1kg/l \right) = 1,11325$$

Densidade calculada é ligeiramente superior a prescrita no exercício 1, que era de OG=1,110, então pode-se realizar uma correção, como se segue:

Subtraia 1,000 das densidades e aplique a seguinte regra de três.

$$0,11325 \; \text{———} \; 100\%$$
$$0,110 \; \text{———} \; x$$

Logo x = 97,13%, agora multiplique os pesos de todos ingredientes e refaça a conte de Densidade Original.

Maltes	Peso	Peso modificado
Malte Pale Ale	7,79kg	7,57kg
Malte Black	0,23kg	0,223kg
Malte Chocolate	0,5kg	0,486kg
Malte Carafa I	0,5kg	0,486kg
Malte Trigo	0,5kg	0,486kg
Açúcar	0,5kg	0,486kg
Aveia em flocos	0,5kg	0,486kg

Refazendo os passos

1° passo: Multiplicar os pesos de maltes pelas suas contribuições.

Malte Pale – 30% x 7,57kg = 2,271kg

Malte Black – 20,9% x 0,223kg = 0,047kg

Malte Chocolate – 28,4% x 0,486kg = 0,138kg

Malte Carafa I – 26,7% x 0,486kg = 0,130kg

Malte de Trigo – 32,5% x 0,486kg = 0,158kg

Aveia em flocos – 27,5% x 0,486kg = 0,134kg

Açúcar – SG = 38,4% x 0,486kg = 0,187kg

2° passo: Aplicar a eficiência ligada à brassagem, pois a extração dos solutos é menor do que aqueles calculados no item anterior. Esse item só é aplicado para os ingredientes que participam da mostura, sendo desnecessário aplicar nos ingredientes que participam na fervura.

Malte Pale = 2,271kg

Malte Black = 0,047kg

Malte Chocolate = 0,138kg

Malte Carafa I = 0,130kg

Malte de Trigo = 0,158kg

Aveia em Flocos = 0,134kg

Totalizando = 2,878kg x 70% = 2,015kg

Somamos a este valor o peso do açúcar, Açúcar = 0,187kg e temos 2,202kg de soluto.

3° passo: Calcular a Densidade Original

$$O.G. = 1 + \left(\frac{\text{Massa de Soluto}}{\text{Volume de Mosto}} \ / \ 1kg/l \right)$$

Lembrando que 1kg/l refere-se à massa específica da água.

$$O.G. = 1 + \left(\frac{2,202kg}{20\,l} \ / \ 1kg/l \right) = 1,110$$

Exato!

EXEMPLO 32 No exemplo 3 deste livro determinou-se a quantidade de malte e adjuntos necessários para produzirmos uma Imperial Stout, com Densidade Original OG=1,110 e Densidade Final Aparente FG=1,014, a partir destes dados, determine: a Densidade Final Real, o Extrato Original e Extrato Final Aparente, Extrato Final Real, pelas equações (73) e (74), a Atenuação Aparente e a Atenuação Real, o Teor de Álcool em volume/volume e o Teor de Álcool em massa/massa, a quantidade de calorias em um volume de 500ml de cerveja (1 garrafa).

a. A Densidade Final Real:

RG = 0,1808 · (OG) + 0,8192 · (SG)

FG.R = 0,1808 · (OG) + 0,8192 · (FG)

FG.R = 0,1808 · (1,110) + 0,8192 · (1,014)

FG.R = 1,031

b. O Extrato Original e Extrato Final aparente, Extrato Final Real, pelas equações (xx) e (xx).

Extrato Original:

$P = (SG - 1,000) \cdot 250$

$P = (1,110 - 1,000) \cdot 250 = 27,5\,°P$

ou

$P = -205,5 \cdot SG^2 + 668,72 \cdot SG - 463,37$

$P = -205,5 \cdot 1,110^2 + 668,72 \cdot 1,110 - 463,37$

$P = 25,9\,°P$

Extrato Final Aparente:

$P = (SG - 1,000) \cdot 250$

$P = (1,114 - 1,000) \cdot 250 = 3,5\,°P$

ou

$P = -205,5 \cdot SG^2 + 668,72 \cdot SG - 463,37$

$P = -205,35 \cdot 1,114^2 + 668,72 \cdot 1,114 - 463,37$

$P = 3,57\,°P$

Extrato Final Real:

$P = (SG - 1,000) \cdot 250$

$P = (1,114 - 1,000) \cdot 250 = 7,75\,°P$

ou

$P = -205,5 \cdot SG^2 + 668,72 \cdot SG - 463,37$

$P = -205,35 \cdot 1,031^2 + 668,72 \cdot 1,031 - 463,37$

$P = 7,80\,°P$

c. A atenuação aparente e a atenuação real:

Atenuação Aparente (ATA)

$$ATA = 100 \cdot \left(\frac{OG - FG}{OG - 1} \right)$$

$$ATA = 100 \cdot \left(\frac{1,110 - 1,014}{1,110 - 1} \right) = 87,27\%$$

Atenuação Real (ATR)

$$ATR = 100 \cdot \left(\frac{OG - FG \cdot R}{OG - 1} \right)$$

$$ATR = 100 \cdot \left(\frac{1{,}110 - 1{,}031}{1{,}110 - 1} \right) = 71{,}82\%$$

d. O teor de áÁlcool em volume/volume e o teor de áÁlcool em massa/massa:

ABV = 133 · (OG − FG)

ABV = 133 · (1,110 − 1,014) = 12,77%

E

ABW = 104 · (OG − FG)

ABW = 104 · (1,110 − 1,014) = 9,98%

e. A quantidade de calorias em um volume de 500ml de cerveja (1 garrafa):

$$Cal = \frac{FG \cdot V}{100} \cdot [6{,}9 \cdot ABW\% + 4{,}0\ ((FG \cdot R - 1{,}0) \cdot 250) - 0{,}1]$$

$$Cal = \frac{1{,}014 \cdot 500}{100} \cdot [6{,}9 \cdot 9{,}98 + 4{,}0\ ((1{,}031 - 1{,}0) \cdot 250) - 0{,}1]$$

Cal = 504,3 calorias

Exercício 32: Uma das propostas deste livro é a utilização de equações aproximadas de fácil uso para a determinação dos pesos de maltes e de lúpulos numa receita de cerveja. Tal método simplificado impõe imprecisões intrínsecas ao cálculo, que podem ser ajustadas através de "regra de três" básica, o autor propõe de forma inovadora as equações básicas para a determinação destes pesos (aproximados), bem como a forma de correção que envolve tal cálculo. A fim de exemplificar o método descrito propomos o seguinte exercício. Determine os pesos dos maltes, densidade original resultante e as correções devidas, para uma cerveja com composição de malte indicada na tabela abaixo e com Densidade Original prescrita de 1,055.

Maltes	Porcentagem (%)	Peso (kg)
Malte Pilsen	60%	
Malte Pale Ale	36%	
Malte Cara 120	4%	

Contribuição dos adjuntos à Densidade Original. *Não existem adjuntos.*

$$SG = 1 + \sum k_1 \left(\frac{M_{adjunto}}{V_{mosto}} \right)$$

$SG = 1$

Determinação do peso total de Malte pela equação simplificada.

$P_{TM} = 5,0 \cdot$ *Volume de Cerveja* $(L) \cdot [OG - SG]$

$P_{TM} = 5,0 \cdot 20 \cdot [1,055 - 1,000]$

$P_{TM} = 5,5$ *Kg de Malte*

Determinação do peso de cada Malte, de forma aproximada.

5,5Kg

Maltes	Porcentagem (%)	Peso (kg)
Malte Pilsen	60%	3,3kg
Malte Pale Ale	36%	1,98kg
Malte Cara 120	4%	0,22kg

Determinação da Densidade Original pela equação 42 da página xx e tabela de densidades específicas da página xx.

Malte Pilsen - 3,3. 30% = 0,99kg

Malte Pale Ale - 1,98. 30% = 0,594kg

Malte Cara 120 - 0,22. 28,4% = 0,0625kg

Total = 1,6465kg * (Eficiência da Brassagem)

Total = 1,6465kg * 70% = 1,1525kg

Aplicando a equação 42, temos:

$$O.G. = 1 + \left(\frac{Massa\ de\ Soluto}{Volume\ de\ Mosto} \ / \ 1kg/l \right)$$

$$O.G. = 1 + \left(\frac{1,1525\ kg}{20\ l} \ / \ 1kg/l \right)$$

$$O.G. = 1,057$$

Observe que a densidade resultante é superior à prescrita O.G. = 1,055 isso aconteceu pois estamos utilizando a equação simplificada para determinação do peso de malte, utilizaremos agora a equação sem simplificação, equação 3a da página 44 e as eficiências tabeladas das páginas 50 e 51.

$$P_T = \frac{2,59 \cdot V(l) \cdot [OG - SG]}{(\sum_{1}^{i} PP_i (\%) \cdot E_{fi}) \cdot E_{fB}}$$

$$P_T = \frac{2,59 \cdot 20 \cdot [1,055 - 1,000]}{(0,6 \cdot 0,78 + 0,36 \cdot 0,75 + 0,04 \cdot 0,70) \cdot 0,7}$$

$P_T = 5,31$ kg

Diferença entre métodos 0,19kg, isso é significativo??

Recalculado, corrigindo os pesos de cada malte.

5,3Kg

Maltes	Porcentagem (%)	Peso (kg)
Malte Pilsen	60%	3,18kg
Malte Pale Ale	36%	1,91kg
Malte Cara 120	4%	0,21kg

Determinaremos a Densidade Original novamente pela equação xx da página xx e tabela de densidades específicas da página xx.

Malte Pilsen - 3,18. 30% = 0,954kg

Malte Pale Ale – 1,91. 30% = 0,573kg

Malte Cara 120 – 0,21. 28,4% = 0,06kg

Total = 1,587kg * (Eficiência da Brassagem)

Total = 1,587kg * 70% = 1,111kg

Aplicando a equação 42, temos:

$$O.G. = 1 + \left(\frac{\text{Massa de Soluto}}{\text{Volume de Mosto}} \ / \ 1kg/l \right)$$

$$O.G. = 1 + \left(\frac{1,111 \text{ kg}}{20 \text{ l}} \ / \ 1kg/l \right)$$

$O.G. = 1,055$

Exato!

"O pulo do gato" se você calcular o peso dos seus maltes, pela equação simplificada pode-se fazer uma correção, evitando ter que aplicar a equação 3a.

Equação simplificada OG= 1,057, logo 57 ——————— 100%

Densidade original prescrita OG = 1,055, logo 55 ——————— x

Resolvendo a regra de três temos x = 96,49% então multiplicaremos os pesos dos maltes por esse fator para a correção.

——————— 96,49% ———————▼

Maltes	Peso (kg)	Peso modificados (kg)
Malte Pilsen	3,3kg	3,18kg
Malte Pale Ale	1,98kg	1,91kg
Malte Cara 120	0,22kg	0,21kg

Observe que com essa correção os valores finais dos pesos dos maltes são idênticos aos valores calculados pela equação 3a.

EXEMPLO 33 Determine o peso em gramas do Priming necessário para carbonatar 20 litros de cerveja American Brown Ale, sabendo que a temperatura de fermentação foi de 20°C e ainda considerando:

a) Açúcar comum (sacarose);

b) Mel;

c) Extrato de malte.

Solução:

Volume de cerveja = 20 litros

Volume de CO2 para a American Brown Ale – 2,4

Volume Residual de CO2 para temperatura de fermentação – 0,86

a) Açúcar comum (sacarose):

Q_p = R · (Vol de CO2 – Vol de CO2 Residual) · Volume de Cerveja (Litros)

(Gramas)

Q_p = 4 ·(2,4 – 0,86) · 20 = 123,2g

b) Mel:

$$Q_p = R \cdot (\text{Vol de } CO_2 - \text{Vol de } CO_2 \text{ Residual}) \cdot \text{Volume de Cerveja (Litros)}$$
$$(\text{Gramas})$$

$$Q_p = 5,15 \, (2,4 - 0,86) \cdot 20 = 158,6g$$

c)   Extrato de Malte:

$$Q_p = R \cdot (\text{Vol de } CO_2 - \text{Vol de } CO_2 \text{ Residual}) \cdot \text{Volume de Cerveja (Litros)}$$
$$(\text{Gramas})$$

$$Q_p = 5,90 \cdot (2,4 - 0,86) \cdot 20 = 181,7 \, g$$

EXEMPLOS COMPLETOS DE RECEITAS DE CERVEJAS

RECEITA 1: APA

DADOS:

Nome da cerveja: APA Estilo: American Pale Ale
Versão da receita: 1° versão Data: 20/11/2015
Data da fabricação: 23/12/2015 Horário inicial: Lote: 325
Responsável pela produção: –
Volume Inicial de água: 15,13 Litros
Volume de cerveja: 20 Litros PH do mosto: 5,3
Cor esperada: 10°SRM IBU: 37
Densidade inicial OG: 1,055 °Plato = 13,75
Densidade final OF: 1,015 °Plato = 3,75
Álcool: 5,4%
Tempo de fervura do mosto: 1,0 hora

CÁLCULO DO PESO DE MALTE

Maltes	Porcentagem (%)	Peso (kg)
Malte Pilsen	60%	
Malte Pale Ale	36%	
Malte Cara 120	4%	

Contribuição dos adjuntos à Densidade Original.

Não existem adjuntos.

$$SG = 1 + \sum k_1 \left(\frac{M_{adjunto}}{V_{mosto}} \right)$$

$SG = 1$

Determinação do peso total de malte:

$P_{TM} = 5,0 \cdot$ Volume de Cerveja (L) $\cdot$ [OG – SG]

$P_{TM} = 5,0 \cdot 20 \cdot [1,055 - 1,000]$

$P_{TM} = 5,5$ kg de Malte

Determinação do peso de cada malte:

	5,5Kg	
Maltes	**Porcentagem (%)**	**Peso (kg)**
Malte Pilsen	60%	3,3kg
Malte Pale Ale	36%	1,98kg
Malte Cara 120	4%	0,22kg

Determinação da cor da cerveja:

			4,24	
Maltes	**%**	**Peso (kg)**	**Cor em EBC**	**Cor potência em °L/kg/Litro**
Malte Pilsen	60%	3,3kg	5	21,2
Malte Pale Ale	36%	1,98kg	7,5	31,8
Malte Cara 120	4%	0,22kg	120	508,8

$$Cor\ Inicial = \frac{\sum Peso\ de\ Malte \cdot Cor\ Potencial}{Volume\ Final\ de\ Cerveja\ (l)}$$

$$Cor\ Inicial = \frac{3,3 \cdot 21,2 + 1,98 \cdot 31,8 + 0,22 \cdot 508,8}{20\ Litros} = \frac{244,86}{20} = 12,24$$

A cor inicial deve ser corrigida pelo gráfico da página 50, e assim determinamos a cor final da cerveja.

	SRM	**EBC**
Mosher	8,3	16,4
Daniels	10,8	21,3
Morey	8,4	16,5
Logarítmica	11,3	22,3
Média	**9,7**	**19,1**

CÁLCULO DOS VOLUMES DE ÁGUA RELATIVO A BRASSAGEM:

Volume da água Inicial – (V_I)

$V_I = 2,75 \cdot$ (Peso Total de Malte)

$V_I = 2,75 \cdot (5,5\ kg) = 15,13\ Litros$

Volume Absorvido pelos Grãos – (V_{AG})

V_{AG} = 0,8 · (Peso Total de Malte)

V_{AG} = 0,8 · (5,5 kg) = 4,4 Litros

Volume Evaporado na Fervura – (V_E):

V_E = 0,1 · (Volume) · (Tempo em Horas)

V_E = 0,1 · (20 Litros) ·(1,0 horas) = 2,0 Litros

Volume de Lavagem dos Grãos – (V_L)

V_L = (Volume Total)+ V_E+ V_{AG} – V_I

V_L = 20,0+ 2,0+ 4,4 – 15,13 = 11,27 Litros

Volume no Início da Fervura – (V_{IF})

V_{IF} = V_I+ V_L – V_{AG}

V_{IF} = 15,13+ 11,27 – 4,4 = 22 Litros

PROVA DOS "NOVES"

Volume no Início da Fervura ("menos") – o Volume Evaporado ("igual") = Volume Final de Cerveja.

22 Litros – 2 Litros = 20 Litros, existem ainda o fenômeno da retração térmica e o trub.

Como já mencionado, podemos ainda considerar nesta formulação uma perda de 4% do volume final relativo à retração térmica, uma perda de 0,5% relativo ao trub e perdas diversas que o cervejeiro queira contabilizar, porém esses valores devem ser subtraídos do volume final, gerando assim um volume de cerveja. Tal procedimento de se contabilizar essas últimas perdas "por fora" se faz necessário para a manutenção da densidade original.

Volume de Cerveja – (V_C)

V_C = Volume – V_R – V_{Trub} – V_{Outros}

$$V_C = 20 - \frac{4}{100} \cdot 20 - \frac{0,5}{100} \cdot 20 - 0$$

V_C = 19,1 litros

MOSTURA:

MOSTURA DO MALTE
Temperatura da água no início da mostura:
Horário do início da mostura:
Medir PH da mostura: PH Ideal: 5,3
Foi necessário uma correção com ácido lático: ( ) Sim ( ) Não
Se sim, quanto de ácido lático foi utilizado: PH final:

BRASSAGEM		
TEMPO [Min]	TEMPERATURA [°C]	HORÁRIO
Mosturar	44°C	
60min	65°C	
20min	70°C	
10min	78°C	
Rampas de temperatura 1°C/minuto		
Fazer o teste com Iodo antes de inativar as enzimas, e ficar atento quanto ao horário:		
1° lavagem: 5,635 Litros Horário inicial: Horário final:		
2° lavagem: 5,635 Litros Horário inicial: Horário final:		
Antes da fervura devemos ter 22 Litros na panela de fervura.		

Ferver o mosto por 60 minutos.

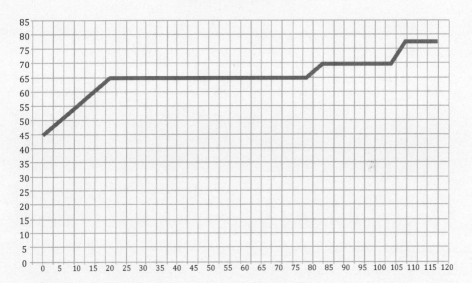

CÁLCULO DO PESO DE LÚPULO E AMARGOR EM IBU:

Porcentagem	Lúpulo	Ácidos Alfas	Tempo
34%	Columbus	15%	60min
24%	Columbus	15%	30min
21%	Cascade	5,5%	15min
21%	Cascade	5,5%	0min

Peso de lúpulo ("Chute inicial"):

$$\tau = \frac{2,5 \cdot \sum \alpha \cdot AA\% + \sum \beta \cdot AA\%}{100}$$

$$\tau = \frac{2,5 \cdot (34 \cdot 15 + 24 \cdot 15) + (21 \cdot 5,5)}{100} = 22,90$$

$$Peso\ Total\ (gramas) = \frac{C \cdot Volume \cdot IBU}{\tau}$$

Pelo gráfico da página 122 temos $C = 1,025$:

$$Peso\ Total\ (gramas) = \frac{1,025 \cdot 20 \cdot 37}{22,90} = 33,12g$$

33,12g

Porcentagem	Lúpulo	Peso (g)	Tempo
34%	Columbus	11,3	60min
24%	Columbus	8,0	30min
21%	Cascade	7,0	15min
21%	Cascade	7,0	0min

Verificação do amargor em IBU, pelos vários métodos, Ranger, Mosher, Tinseth, Daniels, Garetz.

RANGER:

$$IBU = \frac{0,1 \cdot Fator\ de\ Utilização \cdot AA\% \cdot Peso\ do\ Lúpulo}{Volume\ (l) \cdot C_1}$$

$$BG = \frac{Volume\ Final}{Volume\ da\ Fervura} \cdot (OG - 1) + 1$$

$$BG = \frac{20}{22,9} \cdot (1,055 - 1) + 1 = 1,048$$

Pelo gráfico da página 124 temos $C_1 = 0,99$

Para o tempo = 60min o fator de utilização = 30,82% (página 123).

$$IBU = \frac{0,1 \cdot 30,82 \cdot 15 \cdot 11,3}{20 \cdot 0,99} = 26,38$$

Para o tempo = 30min o fator de utilização = 17,11% (página 123).

$$IBU = \frac{0,1 \cdot 17,11 \cdot 15 \cdot 8,0}{20 \cdot 0,99} = 10,37$$

Para o tempo = 15min o fator de utilização = 8,23% (página 123).

$$IBU = \frac{0,1 \cdot 8,23 \cdot 5,5 \cdot 7,0}{20 \cdot 0,99} = 1,60$$

Para o tempo = 0min o fator de utilização = 5,12% (página 123).

$$IBU = \frac{0,1 \cdot 5,12 \cdot 5,5 \cdot 7,0}{20 \cdot 0,99} = 1,0$$

Amargor total = 26,38 + 10,37 + 1,6 + 1,0 = 39,35 IBU.

MOSHER:

$$IBU = \frac{0,1 \cdot Fator\ de\ Utilização \cdot AA\% \cdot Peso\ do\ Lúpulo}{Volume\ (l) \cdot C_2}$$

$$BG = \frac{Volume\ Final}{Volume\ da\ Fervura} \cdot (OG - 1) + 1$$

$$BG = \frac{20}{22,9} \cdot (1,055 - 1) + 1 = 1,048$$

Pelo gráfico da página 125 temos C_2 = 0,994

Para o tempo = 60min o fator de utilização = 22,9% (página 125).

$$IBU = \frac{0,1 \cdot 22,9 \cdot 15 \cdot 11,3}{20 \cdot 0,994} = 19,52$$

Para o tempo = 30min o fator de utilização = 16,5% (página 125).

$$IBU = \frac{0,1 \cdot 16,5 \cdot 15 \cdot 8,0}{20 \cdot 0,994} = 9,96$$

Para o tempo = 15min o fator de utilização = 11,6% (página 125).

$$IBU = \frac{0,1 \cdot 11,6 \cdot 5,5 \cdot 7,0}{20 \cdot 0,994} = 2,25$$

Para o tempo = 0min o fator de utilização = 0,0% (página 125).

$$IBU = \frac{0,1 \cdot 0.0 \cdot 5,5 \cdot 7,0}{20 \cdot 0,994} = 0,0$$

Amargor total = 19,52 + 9,96 + 2,25 + 0,0 = 31,73 IBU.

TINSETH:

$$IBU = \frac{0,1 \cdot Fator\ de\ Utilização \cdot AA\% \cdot Peso\ do\ Lúpulo}{Volume\ (l) \cdot C_3}$$

$$BG = \frac{Volume\ Final}{Volume\ da\ Fervura} \cdot (OG - 1) + 1$$

$$BG = \frac{20}{22,9} \cdot (1,055 - 1) + 1 = 1,048$$

Pelo gráfico da página 127 temos $C_3 = 0,933$

Para o tempo = 60min o fator de utilização = 21,91% (página 126).

$$IBU = \frac{0,1 \cdot 21,91 \cdot 15 \cdot 11,3}{20 \cdot 0,933} = 19,9$$

Para o tempo = 30min o fator de utilização = 16,84% (página 126).

$$IBU = \frac{0,1 \cdot 16,84 \cdot 15 \cdot 8,0}{20 \cdot 0,933} = 10,8$$

Para o tempo = 15min o fator de utilização = 10,87% (página 126).

$$IBU = \frac{0,1 \cdot 10,87 \cdot 5,5 \cdot 7,0}{20 \cdot 0,933} = 2,2$$

Para o tempo = 0min o fator de utilização = 0,0% (página 126).

$$IBU = \frac{0,1 \cdot 0.0 \cdot 5,5 \cdot 7,0}{20 \cdot 0,933} = 0,0$$

Amargor total = 19,9 + 10,8 + 2,2 + 0,0 = 32,9 IBU.

DANIELS:

$$IBU = \frac{0,1 \cdot Fator\ de\ Utilização \cdot AA\% \cdot Peso\ do\ Lúpulo}{Volume\ (l) \cdot C_4}$$

$$BG = \frac{Volume\ Final}{Volume\ da\ Fervura} \cdot (OG - 1) + 1$$

$$BG = \frac{20}{22,9} \cdot (1,055 - 1) + 1 = 1,048$$

Pelo gráfico da página 128 temos $C_4 = 1,0$

Para o tempo = 60min o fator de utilização = 30% (página 128).

$$IBU = \frac{0,1 \cdot 30,00 \cdot 15 \cdot 11,3}{20 \cdot 1,0} = 25,43$$

Para o tempo = 30min o fator de utilização = 23,8% (página 128).

$$IBU = \frac{0,1 \cdot 23,8 \cdot 15 \cdot 8,0}{20 \cdot 1,0} = 14,28$$

Para o tempo = 15min o fator de utilização = 15% (página 128).

$$IBU = \frac{0,1 \cdot 15 \cdot 5,5 \cdot 7,0}{20 \cdot 1,0} = 2,9$$

Para o tempo = 0min o fator de utilização = 6,3% (página 128).

$$IBU = \frac{0,1 \cdot 6,3 \cdot 5,5 \cdot 7,0}{20 \cdot 1,0} = 1,21$$

Amargor total = 25,43 + 14,28 + 2,9 + 1,21 = 43,82 IBU.

GARETZ:

$$IBU = \frac{0,1 \cdot Fator\ de\ Utilização \cdot AA\% \cdot Peso\ do\ Lúpulo}{Volume\ (l) \cdot C_5}$$

e

$$C_5 = G_F \cdot H_F \cdot T_F$$

Cálculo de G_F

$$BG = \frac{Volume\ Final}{Volume\ da\ Fervura} \cdot (OG - 1) + 1$$

$$BG = \frac{20}{22,9} \cdot (1,055 - 1) + 1 = 1,048$$

Pelo gráfico da página 131 temos $G_F = 0,99$

Cálculo de – H_F

$$H_F = 1 + \left(\frac{Volume\ Final}{Volume\ no\ Inicio\ da\ Fervura}\right) \cdot \left(\frac{IBU}{260}\right)$$

$$H_F = 1 + \left(\frac{20}{22,9}\right) \cdot \left(\frac{IBU}{260}\right)$$

$$H_F = 1 + 0,873 \cdot \left(\frac{IBU}{260}\right)$$

Cálculo de T_F – Nível do Mar (Alt = 0m):

$$T_F = \frac{Alt\ (m)}{168} \cdot 0,02 + 1$$

$$T_F = \frac{0m}{168} \cdot 0,02 + 1 = 1,0$$

$$IBU = \frac{0,1 \cdot Fator\ de\ Utilização \cdot AA\% \cdot Peso\ do\ Lúpulo}{Volume\ (l) \cdot C_5}$$

Para t = 60min – Fator de utilização de Garetz = 21,06%.

Para t = 30min – Fator de utilização de Garetz = 12,09%.

Para t = 15min – Fator de utilização de Garetz = 3,22%.

Para t = 0min – Fator de utilização de Garetz = 0,0%.

Veja o gráfico da página 131.

$$IBU = \frac{0,1 \cdot \{21,06 \cdot 15 \cdot 11,3 + 12,09 \cdot 15 \cdot 8 + 3,22 \cdot 5,5 \cdot 7 + 0\}}{0,99 \cdot 1,0 \cdot \left[0,873 \cdot \left(\frac{IBU}{260}\right) + 1\right] \cdot 20}$$

$$IBU = \frac{25,98}{\left[0,873 \cdot \left(\frac{IBU}{260}\right) + 1\right]}$$

Observa-se que esse processo é iterativo e o chute inicial será o IBU prescrito = 37,0.

1º Iteração:

$$IBU = \frac{25,98}{\left[0,873 \cdot \left(\frac{37}{260}\right) + 1\right]} = 23,10$$

2º Iteração:

$$IBU = \frac{25,98}{\left[0,873 \cdot \left(\frac{23,10}{260}\right) + 1\right]} = 24,11$$

3º Iteração:

$$IBU = \frac{25,98}{\left[0,873 \cdot \left(\frac{24,11}{260}\right) + 1\right]} = 24,03$$

4º Iteração:

$$IBU = \frac{25,98}{\left[0,873 \cdot \left(\frac{24,03}{260}\right) + 1\right]} = 24,04$$

5º Iteração:

$$IBU = \frac{25,98}{\left[0,873 \cdot \left(\frac{24,04}{260}\right) + 1\right]} = 24,04$$

Com a convergência para 24,04 IBU finalizamos as iterações.

Comparação entre os resultados obtidos em cada método com o valor prescrito do IBU:

Prescrito	37,0 IBU
Ranger	39,35 IBU
Mosher	31,73 IBU
Tinseth	32,90 IBU
Daniels	43,82 IBU
Garetz	24,04 IBU
Média dos 5 métodos	34,37 IBU
Média só dos extremos	33,93 IBU
Média sem os extremos	34,66 IBU

Novamente, Daniels se coloca no extremo superior e Garetz no extremo inferior, já Ranger, Mosher e Tinseth interno a esse intervalo. Lembre-se que esse foi um chute inicial e agora podemos ajustar o amargor por qualquer um dos métodos estudados.

Como exemplo, faremos a correção nos pesos de lúpulo de tal forma que Mosher e Daniels atinjam o valor prescrito de forma exata.

1° Correção – Mosher:

A intensão deste processo é recalcular os pesos de lúpulo de tal forma que Mosher apresente o resulto exato exigido pelo enunciado, uma vez que a princípio seu valor foi inferior. Neste caso o procedimento é fazer uma regra de três e determinar uma porcentagem que será utilizada para maximizarmos ou minimizarmos os pesos de lúpulo calculados no exercício anterior e em seguida recalculamos o amargor pelo referido método com a finalidade de conferência.

Solução por Mosher:

IBU %

Mosher   31,73 ——— 100

Prescrito   37,0 ——— x

Portanto:

$$x = \frac{37,0 \cdot 100}{31,73} = 116,61\%$$

Peso (g)	Lúpulo	Peso (g)	Tempo
11,3	Columbus	13,18	60min
8,0	Columbus	9,33	30min
7,0	Cascade	8,16	15min
7,0	Cascade	8,16	0min

Conferindo o cálculo:

$$IBU = \frac{0,1 \cdot Fator\ de\ Utilização \cdot AA\% \cdot Peso\ do\ Lúpulo}{Volume\ (l)\ \cdot\ C_2}$$

$$BG = \frac{Volume\ Final}{Volume\ da\ Fervura} \cdot (OG - 1) + 1$$

$$BG = \frac{20}{22,9} \cdot (1,055 - 1) + 1 = 1,048$$

Pelo gráfico da página 125 temos $C_2 = 0,994$

Para o tempo = 60min o fator de utilização = 22,9% (página 125).

$$IBU = \frac{0,1 \cdot 22,9 \cdot 15 \cdot 13,18}{20 \cdot 0,994} = 22,77$$

Para o tempo = 30min o fator de utilização = 16,5% (página 125).

$$IBU = \frac{0,1 \cdot 16,5 \cdot 15 \cdot 9,33}{20 \cdot 0,994} = 11,62$$

Para o tempo = 15min o fator de utilização = 11,6% (página 125).

$$IBU = \frac{0,1 \cdot 11,6 \cdot 5,5 \cdot 8,16}{20 \cdot 0,994} = 2,62$$

Para o tempo = 0min o fator de utilização = 0,0% (página 125).

$$IBU = \frac{0,1 \cdot 0.0 \cdot 5,5 \cdot 8,16}{20 \cdot 0,994} = 0,0$$

Amargor total = 22,77 + 11,62 + 2,62 + 0,0 = 31,0 IBU.

2° Correção – Daniels:

A intensão deste processo é recalcular os pesos de lúpulo de tal forma que Daniels apresente o resulto exato exigido pelo enunciado, uma vez que a princípio seu valor foi superior. Assim como no caso anterior, o procedimento é fazer uma regra de três e determinar uma porcentagem que será utilizada para maximizarmos ou minimizarmos os pesos de lúpulo calculados no exercício anterior e em seguida recalculamos o amargor pelo referido método com a finalidade de conferência.

Solução por Daniels:

IBU %

Daniels   43,82 ——————— 100

Prescrito   37,0 ——————— x

Portanto:

$$x = \frac{37,0 \cdot 100}{43,82} = 84,44\%$$

84,44%

Peso (g)	Lúpulo	Peso (g)	Tempo
11,3	Columbus	9,54	60min
8,0	Columbus	6,76	30min
7,0	Cascade	5,91	15min
7,0	Cascade	5,91	0min

Conferindo o cálculo:

$$IBU = \frac{0,1 \cdot Fator\ de\ Utilização \cdot AA\% \cdot Peso\ do\ Lúpulo}{Volume\ (l) \cdot C_4}$$

$$BG = \frac{Volume\ Final}{Volume\ da\ Fervura} \cdot (OG - 1) + 1$$

$$BG = \frac{20}{22,9} \cdot (1,055 - 1) + 1 = 1,048$$

Pelo gráfico da páagina 128 temos $C_4 = 1,0$

Para o tempo = 60min o fator de utilização = 30% (página 128).

$$IBU = \frac{0,1 \cdot 30,00 \cdot 15 \cdot 9,54}{20 \cdot 1,0} = 21,47$$

Para o tempo = 30min o fator de utilização = 23,8% (página 128).

$$IBU = \frac{0,1 \cdot 23,8 \cdot 15 \cdot 6,76}{20 \cdot 1,0} = 12,07$$

Para o tempo = 15min o fator de utilização = 15% (página 128).

$$IBU = \frac{0,1 \cdot 15 \cdot 5,5 \cdot 5,91}{20 \cdot 1,0} = 2,44$$

Para o tempo = 0min o fator de utilização = 6,3% (página 128).

$$IBU = \frac{0,1 \cdot 6,3 \cdot 5,5 \cdot 5,91}{20 \cdot 1,0} = 1,02$$

Amargor total = 21,47 + 12,07 + 2,44 + 1,02 = 37 IBU.

CÁLCULO DA LEVEDURA:

Determinação do peso de levedura liofilizada:

Volume de Cerveja: 20 litros, OG = 1,055, o fabricante indica uma concentração de r_1 = 15 Bilhoões de celulas viáveis/grama *e atenuação aparente de 73%.*

Número de células viáveis necessárias:

$N_c = 187,5 \cdot Vol \cdot (OG - 1,0)$

$N_c = 187,5 \cdot 20 \cdot (1,055 - 1,0)$

$N_c = 206,25$ Bilhões de células

Peso de levedura liofilizada:

$$\text{Peso de Levedura} = \frac{N_c}{r_1 \cdot V_i}$$

$$\text{Peso de Levedura} = \frac{206,25}{15 \cdot 100\%}$$

Peso de Levedura = 13,75 gramas

Determine a densidade final aparente, densidade final real, atenuação real, teor de álcool e quantidade de calorias:

Densidade Final Aparente:

$$FG = OG - \frac{ATA}{100} \cdot (OG - 1)$$

$$FG = 1,055 - \frac{73}{100} \cdot (1,055 - 1)$$

FG $\cong 1.015$

Densidade Final Real:

RG = 0,1808 $\cdot$(OG) +0,8192 $\cdot$(SG).

FG.R = 0,1808 $\cdot$(1,055) +0,8192 $\cdot$(1,015).

FG.R = 1,022.

Atenuação Real (ATR):

$$ATR = 100 \cdot \left(\frac{OG - FG.R}{OG - 1} \right)$$

$$ATR = 100 \cdot \left(\frac{1,055 - 1,022}{1,055 - 1} \right) = 60\%$$

Teor de álcool em volume/volume:

ABV = 133 $\cdot$(OG – FG)

ABV = 133 $\cdot$(1,055 – 1,015) = 5,32%

Teor de álcool em massa/massa:

ABW = 104 $\cdot$(OG – FG).

ABW = 104 $\cdot$(1,055 – 1,015) = 4,16%.

Quantidade de calorias em um volume de 500ml de cerveja (1 garrafa).

$$Cal = \frac{FG \cdot V}{100} \cdot \left[6,9 \cdot ABW\% + 4,0 \cdot \left(\left((FG.R - 1,0) \cdot 250 \right) - 0,1 \right) \right]$$

$$Cal = \frac{1,015 \cdot 500}{100} \cdot \left[6,9 \cdot 4,16 + 4,0 \left(\cdot \left((1,022 - 1,0) \cdot 250 \right) - 0,1 \right) \right]$$

Cal = 255,3 calorias

Fermentação					
Data	Horário	SG	% Alcoólico	Temperatura	Pressão

Parada do diacetil					
Data	Horário	SG	% Alcoólico	Temperatura	Pressão

Maturação					
Data	Horário	SG	% Alcoólico	Temperatura	Pressão

RECEITA 2: WITBIER

DADOS:

Nome da Cerveja: Witbier Estilo: Belgian Witbier

Versão da receita: 1° versão Data: 04/01/2016

Data da fabricação: 24/01/2016 Horário inicial: Lote: 126

Responsável pela produção: –

Volume Inicial de água: 13,20 Litros Volume de Cerveja: 20 Litros
PH do Mosto: 5,3

Cor esperada: 4,0°SRM IBU: 15

Densidade Inicial OG: 1,048 °Plato = 12,50

Densidade Final OF: 1,010 °Plato = 2,5

Álcool: 5,0%

Tempo de fervura do mosto: 70min

8g de casca de laranja e 8g de semente de coentro no final da fervura.

CÁLCULO DO PESO DE MALTE:

Maltes	Porcentagem (%)	Peso (kg)
Malte Pilsen	82,5%	
Malte Trigo	17,5%	

Contribuição dos adjuntos à Densidade Original. *Não existem adjuntos.*

$$SG = 1 + \sum k_1 \left(\frac{M_{adjunto}}{V_{mosto}} \right)$$

SG = 1

Determinação do peso total de malte:

P_{TM} = 5,0 · Volume de Cerveja (L)· [OG – SG]

P_{TM} = 5,0 · 20 · [1,048 – 1,000]

P_{TM} = 4,8 kg de Malte

Determinação do peso de cada malte:

Maltes	Porcentagem (%)	Peso (kg)
Malte Pilsen	82,5%	4,0kg
Malte Trigo	17,5%	0,85kg

Determinação da cor da cerveja:

Maltes	(%)	Peso (kg)	Cor em EBC	Cor Potencia em °L/kg/Litro
Malte Pilsen	82,5%	4,0 kg	4,0	17,0
Malte Trigo	17,5%	0,85kg	3,0	12,7

$$Cor\ Inicial = \frac{\sum Peso\ de\ Malte \cdot Cor\ Potencial}{Volume\ Final\ de\ Cerveja\ (l)}$$

$$Cor\ Inicial = \frac{4,0 \cdot 17,0 + 0,85 \cdot 12,70}{20\ Litros} = \frac{78,8}{20} = 3,9$$

A cor inicial deve ser corrigida pelo gráfico da página 50, e assim determinamos a cor final da cerveja.

	SRM	EBC
Mosher	5,87	11,6
Daniels	9,18	18,0
Morey	3,8	7,5
Logarítmica	3,9	7,7
Média	5,7	11,2

*Obs.: Cuidado! Estamos no limite superior da cor do estilo, neste caso é bom verificar a cor potencial de cada malte com exatidão.

CÁLCULO DOS VOLUMES DE ÁGUA RELATIVO À BRASSAGEM:

Volume da água Inicial – (V_I)

$V_I = 2,75$.(Peso Total de Malte)

$V_I = 2,75$.(4,8 kg) = 13,20 Litros

Volume Absorvido pelos Grãos – (V_{AG})

V_{AG} = 0,8 .(Peso Total de Malte)

V_{AG} = 0,8 .(4,8 kg) = 3,85 Litros

Volume Evaporado na Fervura – (V_E):

V_E = 0,1 ·(Volume)·(Tempo em Horas)

V_E = 0,1 ·(20 Litros)·(1,17 horas) = 2,3 Litros

Volume de Lavagem dos Grãos (V_L)

V_L = (Volume Total)+ V_E+ V_{AG} – V_I

V_L = 20,0+ 2,3+ 3,85 – 13,20 = 12,95 Litros

Volume no Início da fervura (V_{IF})

V_{IF} = V_I+ V_L – V_{AG}

V_{IF} = 13,20+ 12,95 – 3,85 = 22,3 Litros

Prova dos "noves"

Volume no Início da fervura ("menos") – o Volume Evaporado ("igual") = Volume Final de cerveja.

22,3 Litros – 2,3 Litros = 20 Litros, existem ainda o fenômeno da retração térmica e o trub.

Como já mencionado, podemos ainda considerar nesta formulação uma perda de 4% do volume final relativo à retração térmica, uma perda de 2,0% relativo ao trub e perdas diversas que o cervejeiro queira contabilizar, porém esses valores devem ser subtraídos do volume final, gerando assim um volume de cerveja. Tal procedimento de se contabilizar essas últimas perdas "por fora" se faz necessário para a manutenção da densidade original.

Volume de Cerveja (V_c)

V_c = Volume – V_R – V_{Trub} – V_{Outros}

$$V_c = 20 - \frac{4}{100} \cdot 20 - \frac{2,0}{100} \cdot 20 - 0$$

V_c = 18,8 litros

MOSTURA:

MOSTURA DO MALTE
Temperatura da água no início da mostura: Horário do início da mostura:
Medir PH da mostura: PH ideal: 5,3
Foi necessário a correção com ácido lático: ( ) Sim ( )Não
Se sim, quanto de ácido lático foi utilizado: PH final:

BRASSAGEM

TEMPO [Min]	TEMPERATURA [°C]	HORÁRIO
Mosturar	44°C	
10min	45°C	
30min	62°C	
15min	70°C	
10min	78°C	
Fazer rampas de temperaturas 1°C/minuto		
Fazer o teste com Iodo antes de inativar as enzimas, e ficar atento ao horário:		
1° lavagem: 6,475 Litros Horário inicial: Horário final:		
2° lavagem: 6,475 Litros Horário inicial: Horário final:		
Antes da fervura devemos ter 22,3 Litros na panela de fervura.		
Ferver o mosto por 70 minutos.		

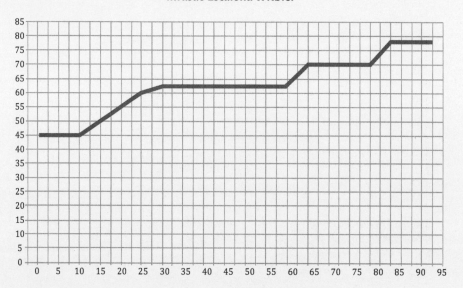

Infusão Escalona Witbier

CÁLCULO DO PESO DE LÚPULO E AMARGOR EM IBU:

Porcentagem	Lúpulo	Ácidos Alfas	Tempo
28,6%	Hallertau Mittelfruh	5,0%	70min
42,8%	Hallertau Mittelfruh	5,0%	35min
28,6%	Hallertau Mittelfruh	5,0%	0min

Peso de Lúpulo ("chute inicial"):

$$\tau = \frac{2{,}5 \cdot \sum \alpha \cdot AA\% + \sum \beta \cdot AA\%}{100}$$

$$\tau = \frac{2{,}5 \cdot (28{,}6 \cdot 5{,}0 + 42{,}8 \cdot 5{,}0)}{100} = 8{,}92$$

$$Peso\ Total\ (gramas) = \frac{C \cdot Volume \cdot IBU}{\tau}$$

Pelo gráfico da página 122 temos C = 1,000:

$$Peso\ Total\ (gramas) = \frac{1{,}000 \cdot 20 \cdot 15}{8{,}92}$$

= 33,63g

	33,63g		

Porcentagem	Lúpulo	Peso (g)	Tempo
28,6%	Hallertau Mittelfruh	9,62g ≅ 10g	70min
42,8%	Hallertau Mittelfruh	14,39g ≅ 15g	35min
28,6%	Hallertau Mittelfruh	9,62g ≅ 10g	0min

Verificação do amargor em IBU, pelos vários métodos, Ranger, Mosher, Tinseth, Daniels, Garetz.

RANGER:

$$IBU = \frac{0,1 \cdot Fator\ de\ Utilização \cdot AA\% \cdot Peso\ do\ Lúpulo}{Volume\ (l) \cdot C_1}$$

$$BG = \frac{Volume\ Final}{Volume\ da\ Fervura} \cdot (OG - 1) + 1$$

$$BG = \frac{20}{23,3} \cdot (1,048 - 1) + 1 = 1,041$$

Pelo gráfico da página 124 temos $C_1 = 0,955$

Para o tempo = 70min o fator de utilização = 31,57% (página 123).

$$IBU = \frac{0,1 \cdot 31,57 \cdot 5,0 \cdot 10}{20 \cdot 0,955} = 8,26$$

Para o tempo = 35min o fator de utilização = 20,86% (página 123).

$$IBU = \frac{0,1 \cdot 20,86 \cdot 5,0 \cdot 15}{20 \cdot 0,955} = 8,19$$

Para o tempo = 0min o fator de utilização = 5,12% (página 123).

$$IBU = \frac{0,1 \cdot 5,12 \cdot 5,0 \cdot 10}{20 \cdot 0,955} = 1,34$$

Amargor total = 8,26 + 8,19 + 1,34 = 17,79 IBU.

MOSHER:

$$IBU = \frac{0,1 \cdot Fator\ de\ Utilização \cdot AA\% \cdot Peso\ do\ Lúpulo}{Volume\ (l)\ \cdot\ C_2}$$

$$BG = \frac{Volume\ Final}{Volume\ da\ Fervura} \cdot (OG - 1) + 1$$

$$BG = \frac{20}{23,3} \cdot (1,048 - 1) + 1 = 1,041$$

Pelo gráfico da página 125 temos $C_2 = 0,976$

Para o tempo = 70min o fator de utilização = 24,5% (página 125).

$$IBU = \frac{0,1 \cdot 24,5 \cdot 5,0 \cdot 10}{20 \cdot 0,976} = 6,28$$

Para o tempo = 35min o fator de utilização = 17,9% (página 125).

$$IBU = \frac{0,1 \cdot 17,9 \cdot 5,0 \cdot 15}{20 \cdot 0,976} = 6,88$$

Para o tempo = 0min o fator de utilização = 0,0% (página 125).

$$IBU = \frac{0,1 \cdot 0.0 \cdot 5,0 \cdot 10}{20 \cdot 0,976} = 0,0$$

Amargor total = 6,28 + 6,88 + 0,0 = 13,16 IBU.

TINSETH:

$$IBU = \frac{0,1 \cdot Fator\ de\ Utilização \cdot AA\% \cdot Peso\ do\ Lúpulo}{Volume\ (l)\ \cdot\ C_3}$$

$$BG = \frac{Volume\ Final}{Volume\ da\ Fervura} \cdot (OG - 1) + 1$$

$$BG = \frac{20}{23,3} \cdot (1,048 - 1) + 1 = 1,041$$

Pelo gráfico da página 127 temos $C_3 = 0,876$

Para o tempo = 70min o fator de utilização = 22,63% (página 126).

$$IBU = \frac{0,1 \cdot 22,63 \cdot 5,0 \cdot 10}{20 \cdot 0,876} = 6,46$$

Para o tempo = 35min o fator de utilização = 18,16% (página 126).

$$IBU = \frac{0,1 \cdot 18,16 \cdot 5,0 \cdot 15}{20 \cdot 0,876} = 7,77$$

Para o tempo = 0min o fator de utilização = 0,0% (página 126).

$$IBU = \frac{0,1 \cdot 0.0 \cdot 5,0 \cdot 10}{20 \cdot 0,876} = 0,0$$

Amargor total = 6,46+7,77+0,0 = 14,23 IBU.

DANIELS:

$$IBU = \frac{0,1 \cdot Fator\ de\ Utilização \cdot AA\% \cdot Peso\ do\ Lúpulo}{Volume\ (l) \cdot C_4}$$

$$BG = \frac{Volume\ Final}{Volume\ da\ Fervura} \cdot (OG - 1) + 1$$

$$BG = \frac{20}{23,3} \cdot (1,048 - 1) + 1 = 1,041$$

Pelo gráfico da página 128 temos $C_4 = 1,0$

Para o tempo = 70min o fator de utilização = 30% (página 128).

$$IBU = \frac{0,1 \cdot 30,00 \cdot 5,0 \cdot 10}{20 \cdot 1,0} = 7,5$$

Para o tempo = 35min o fator de utilização = 23,8% (página 128).

$$IBU = \frac{0,1 \cdot 23,8 \cdot 5,0 \cdot 15}{20 \cdot 1,0} = 8,9$$

Para o tempo = 0min o fator de utilização = 6,3% (página 128).

$$IBU = \frac{0,1 \cdot 6,3 \cdot 5,0 \cdot 10}{20 \cdot 1,0} = 1,6$$

Amargor total = 7,5+8,9+1,6 = 18,0 IBU.

GARETZ:

$$IBU = \frac{0,1 \cdot Fator \; de \; Utilização \cdot AA\% \cdot Peso \; do \; Lúpulo}{Volume \; (l) \cdot C_5}$$

e

$$C_5 = G_F \cdot H_F \cdot T_F$$

Cálculo de G_F

$$BG = \frac{Volume \; Final}{Volume \; da \; Fervura} \cdot (OG - 1) + 1$$

$$BG = \frac{20}{23,3} \cdot (1,048 - 1) + 1 = 1,041$$

Pelo gráfico da página 131 temos $G_F = 0,955$

Cálculo de H_F

$$H_F = 1 + \left(\frac{Volume \; Final}{Volume \; no \; Inicio \; da \; Fervura}\right) \cdot \left(\frac{IBU}{260}\right)$$

$$H_F = 1 + \left(\frac{20}{23,3}\right) \cdot \left(\frac{IBU}{260}\right)$$

$$H_F = 1 + 0,858 \cdot \left(\frac{IBU}{260}\right)$$

Cálculo de T_F – Nível do Mar (Alt = 0m):

$$T_F = \frac{Alt \; (m)}{168} \cdot 0,02 + 1$$

$$T_F = \frac{0m}{168} \cdot 0,02 + 1 = 1,0$$

$$IBU = \frac{0,1 \cdot Fator \; de \; Utilização \cdot AA\% \cdot Peso \; do \; Lúpulo}{Volume \; (l) \cdot C_5}$$

Para t = 70min – fator de utilização de Garetz = 21,77%.

Para t = 35min – fator de utilização de Garetz = 14,64%.

Para t = 0min – fator de utilização de Garetz = 0,0%.

Veja o gráfico da página 131.

$$IBU = \frac{0,1 \cdot \{21,77 \cdot 5,0 \cdot 10 + 14,64 \cdot 5,0 \cdot 15 + 0\}}{0,955 \cdot 1,0 \cdot \left[0,858 \cdot \left(\frac{IBU}{260}\right) + 1\right] \cdot 20}$$

$$IBU = \frac{11,45}{\left[0,858 \cdot \left(\frac{IBU}{260}\right) + 1\right]}$$

Observa-se que esse processo é iterativo e o chute inicial será o IBU prescrito = 15,0.

1° Iteração:

$$IBU = \frac{11,45}{\left[0,858 \cdot \left(\frac{15}{260}\right) + 1\right]} = 10,91$$

2° Iteração:

$$IBU = \frac{11,45}{\left[0,858 \cdot \left(\frac{10,91}{260}\right) + 1\right]} = 11,05$$

3° Iteração:

$$IBU = \frac{11,45}{\left[0,858 \cdot \left(\frac{11,05}{260}\right) + 1\right]} = 11,05$$

Com a convergência para 11,05 IBU finalizamos as iterações.

Comparação entre os resultados obtidos em cada método com o valor prescrito do IBU:

Prescrito	15,0 IBU
Ranger	17,79 IBU
Mosher	13,16 IBU
Tinseth	14,23 IBU
Daniels	18,00 IBU
Garetz	11,05 IBU
Média dos 5 métodos	14,85 IBU
Média só dos extremos	14,52 IBU
Média sem os extremos	15,06 IBU

Novamente, Daniels se coloca no extremo superior e Garetz no extremo inferior, já Ranger, Mosher e Tinseth interno a esse intervalo. Lembre-se que esse foi um chute inicial e agora podemos ajustar o amargor por qualquer um dos métodos estudados.

Como exemplo, faremos a correção nos pesos de lúpulo de tal forma que Mosher e Daniels atinjam o valor prescrito de forma exata.

1° Correção – Mosher

A intensão deste processo é recalcular os pesos de lúpulo de tal forma que Mosher apresente o resultado exato exigido pelo enunciado, uma vez que a princípio seu valor foi inferior. Neste caso o procedimento é fazer uma regra de três e determinar uma porcentagem que será utilizada para maximizarmos ou minimizarmos os pesos de lúpulo calculados no exercício anterior e em seguida recalculamos o amargor pelo referido método com a finalidade de conferência.

Solução por Mosher:

IBU %

Mosher   13,16 ——————— 100

Prescrito   15,0 ——————— x

Portanto:

$$x = \frac{15 \cdot 100}{13,16} = 114\%$$

—————— 114% ——————

Peso (g)	Lúpulo	Peso (g)	Tempo
10g	Hallertau Mittelfruh	11,4	70min
15g	Hallertau Mittelfruh	17,1	35min
10g	Hallertau Mittelfruh	11,4	0min

Conferindo o cálculo:

$$IBU = \frac{0,1 \cdot Fator\ de\ Utilização \cdot AA\% \cdot Peso\ do\ Lúpulo}{Volume\ (l) \cdot C_2}$$

$$BG = \frac{Volume\ Final}{Volume\ da\ Fervura} \cdot (OG - 1) + 1$$

$$BG = \frac{20}{23,3} \cdot (1,048 - 1) + 1 = 1,041$$

Pelo gráfico da página 125 temos $C_2 = 0,976$

Para o tempo = 70min o fator de utilização = 24,5% (página 125).

$$IBU = \frac{0,1 \cdot 24,5 \cdot 5,0 \cdot 11,4}{20 \cdot 0,976} = 7,15$$

Para o tempo = 35min o fator de utilização = 17,9% (página 125).

$$IBU = \frac{0,1 \cdot 17,9 \cdot 5,0 \cdot 17,1}{20 \cdot 0,976} = 7,84$$

Para o tempo = 0min o fator de utilização = 0,0% (página 125).

$$IBU = \frac{0,1 \cdot 0.0 \cdot 5,0 \cdot 11,4}{20 \cdot 0,976} = 0,0$$

Amargor Total = 7,15 + 7,84 + 0,0 = 15 IBU.

2° Correção – Daniels

A intensão deste processo é recalcular os pesos de lúpulo de tal forma que Daniels apresente o resulto exato exigido pelo enunciado, uma vez que a princípio seu valor foi superior. Assim como no caso anterior, o procedimento é fazer uma regra de três e determinar uma porcentagem que será utilizada para maximizarmos ou minimizarmos os pesos de lúpulo calculados no exercício anterior e em seguida recalculamos o amargor pelo referido método com a finalidade de conferência.

Solução por Daniels:

IBU %

Daniels   18,0 ——————— 100

Prescrito   15,0 ——————— x

Portanto:

$$x = \frac{15 \cdot 100}{18} = 83,33\%$$

Peso (g)	Lúpulo	Peso (g)	Tempo
10g	Hallertau Mittelfruh	8,33	70min
15g	Hallertau Mittelfruh	12,5	35min
10g	Hallertau Mittelfruh	8,33	0min

Conferindo o cálculo:

$$IBU = \frac{0,1 \cdot Fator\ de\ Utilização \cdot AA\% \cdot Peso\ do\ Lúpulo}{Volume\ (l) \cdot C_4}$$

$$BG = \frac{Volume\ Final}{Volume\ da\ Fervura} \cdot (OG - 1) + 1$$

$$BG = \frac{20}{23,3} \cdot (1,048 - 1) + 1 = 1,041$$

Pelo gráfico da página 128 temos $C_4 = 1,0$

Para o tempo = 70min o fator de utilização = 30% (página 128).

$$IBU = \frac{0,1 \cdot 30,00 \cdot 5,0 \cdot 8,33}{20 \cdot 1,0} = 6,25$$

Para o tempo = 35min o fator de utilização = 23,8% (página 128).

$$IBU = \frac{0,1 \cdot 23,8 \cdot 5,0 \cdot 12,5}{20 \cdot 1,0} = 7,44$$

Para o tempo = 0min o fator de utilização = 6,3% (página 128).

$$IBU = \frac{0,1 \cdot 6,3 \cdot 5,0 \cdot 8,33}{20 \cdot 1,0} = 1,31$$

Amargor total = 6,25 + 7,44 + 1,31 = 15 IBU.

CÁLCULO DA LEVEDURA:

Determinação de um esquema de propagação para frasco de levedura líquida (vial), para fermentar essa cerveja com OG = 1,048, tal procedimento se faz necessário, pois da data de fabricação da levedura até o dia de utilização transcorreu 90 dias, o fornecedor informa que o frasco possui inicialmente 100 bilhões de células viáveis e que atenuação aparente é de 80%. A aeração será feita por um agitador magnético.

Número de Células Viáveis necessárias

$N_c = 187,5 \cdot Vol \cdot (OG - 1,0)$

$N_c = 187,5 \cdot 20 \cdot (1,048 - 1,0)$

$N_c = 180$ Bilhões de células

Número de Células Viáveis em um frasco de levedura. A determinação da viabilidade foi realizada através do gráfico da página xx e $V_i = 34\%$

$N_{Cv} = V_i \cdot N_{cf}$

$$N_{Cv} = \frac{34}{100} \cdot 100 \; Bilhões$$

$N_{Cv} = 34$ Bilhões de Células Viáveis

Determinamos o Volume da Propagação a partir do gráfico apresentado na página 183, da seguinte forma:

Diferença $= N_c - N_{Cv}$

Diferença $= 180 - 34 = 146$ Bilhões de células

O gráfico apresenta como resultado um volume de propagação próximo a 2 litros, por opção executaremos essa propagação em dois passos de 1 litro e com aeração via agitador magnético.

Equação Geral:

$$T_i = \frac{N_{cv(i-1)}}{V_p}$$

A partir de T_i determinamos F_c pelo gráfico da página 183 considerando o tipo de aeração que será utilizado na propagação. Em seguida, determinamos no número de células viáveis, pela equação a seguir.

$N_{(cv(i))} = N_{cv(i-1)} \cdot (1+F_c)$

1° passo:

$$T_1 = \frac{N_{cv(0)}}{V_p} = \frac{34\ Bilh\tilde{o}es}{1\ litros} = 34\frac{Bilh\tilde{o}es}{litros}$$

Pelo gráfico da página 183, considerando a aeração com agitador magnético, temos:

$F_{c1} = 2{,}48$

Logo:

$N_{(cv(1))} = N_{cv(0)} \cdot (1+F_{c1})$

$N_{cv(1)} = 34 \cdot (1+2{,}48)$

$N_{cv(1)} = 118{,}32$ Bilhões de células viáveis

Inferior à nossa necessidade, que é $N_c = 180$ Bilhões de células desta forma realizaremos um segundo passo.

2° passo:

$$T_2 = \frac{N_{cv(1)}}{V_p} = \frac{118{,}32\ Bilh\tilde{o}es}{1\ litros}$$

$$T_2 = 118{,}32\frac{Bilh\tilde{o}es}{litros}$$

Pelo gráfico da página 183, considerando a aeração com agitador magnético, temos:

$F_{c2} = 1{,}40$

Logo:

$N_{cv(2)} = N_{cv(1)} \cdot (1+F_{c2})$

$N_{cv(2)} = 118{,}32 \cdot (1+1{,}40)$

$N_{cv(2)} = 284$ Bilhões de células viáveis

Superior à nossa necessidade, que é $N_c = 180$ Bilhões de células, desta forma finalizaremos a propagação em apenas dois passos.

Determinaremos a seguir a quantidade de extrato de malte necessário para cada passo de propagação.

$$SG = 1 + \sum k_1 \left(\frac{M_{adjunto}}{V_{mosto}} \right)$$

Obs.: essa formulação apresenta intricadamente as unidades kg e litros. Pela tabela da página 42, k_1 = 0,367.

$$1,036 = 1 + 0,367 \left(\frac{M_{DME}}{V_p} \right)$$

$0,036 \cdot V_p = 0,367 \cdot M_{DME}$

$M_{DME} = 0,098 \cdot V_p$ [em kg]

ou:

$M_{DME} = 98 \cdot V_p$ [em g]

O volume de propagação V_p foi fixado em 1 litro, logo:

$M_{DME} = 98 \cdot 1$Litros = 98 g de DME

De extrato de malte para cada propagação.

Determine a densidade final aparente, densidade final real, atenuação real, teor de álcool e quantidade de calorias.

Densidade Final Aparente:

$$FG = OG - \frac{ATA}{100} \cdot (OG - 1)$$

$$FG = 1,048 - \frac{80}{100} \cdot (1,048 - 1)$$

$FG \cong 1.010$

Densidade Final Real:

RG = 0,1808 ·(OG) +0,8192 ·(SG)

FG.R = 0,1808 ·(1,048) +0,8192 ·(1,010)

FG.R = 1,017

Atenuação Real (ATR):

$$ATR = 100 \cdot \left(\frac{OG - FG.R}{OG - 1} \right)$$

$$ATR = 100 \cdot \left(\frac{1,048 - 1,017}{1,048 - 1} \right) = 64,6\%$$

Teor de álcool em volume/volume:

ABV = 133 ·(OG – FG)

ABV = 133 ·(1,048 – 1,010) = 5,0%

Teor de álcool em massa/massa:

ABW = 104 ·(OG – FG)

ABW = 104 ·(1,048 – 1,010) = 3,95%

Quantidade de calorias em um volume de 500ml de cerveja (1 garrafa):

$$Cal = \frac{FG \cdot V}{100} \cdot \left[6,9 \cdot ABW\% + 4,0 \cdot \left(\left((FG.R - 1,0) \cdot 250 \right) - 0,1 \right) \right]$$

$$Cal = \frac{1,010 \cdot 500}{100} \cdot \left[6,9 \cdot 3,95 + 4,0 \left(\cdot \left((1,017 - 1,0) \cdot 250 \right) - 0,1 \right) \right]$$

Cal = 221,5 Calorias

FERMENTAÇÃO

Data	Horário	SG	% Alcoólico	Temperatura	Pressão

PARADA DO DIACETIL

Data	Horário	SG	% Alcoólico	Temperatura	Pressão

MATURAÇÃO

Data	Horário	SG	% Alcoólico	Temperatura	Pressão

DO GUIA DE ESTILOS BJCP

Estilos	IBUs	SRM	OG	FG	ABV
American Light Lager	8−12	2−3	1.028−1.040	0.998−1.008	2.8−4.2%
American Lager	8−18	2−4	1.040−1.050	1.004−1.010	4.2−5.3%
Cream Ale	8−20	2.5−5	1.042−1.055	1.006−1.012	4.2−5.6%
American Wheat Beer	15−30	3−6	1.040−1.055	1.008−1.013	4.0−5.5%
International Pale Lager	18−25	2−6	1.042−1.050	1.008−1.012	4.6−6.0%
International Amber Lager	8−25	7−14	1.042−1.055	1.008−1.014	4.6−6.0%
International Dark Lager	8−20	14−22	1.044−1.056	1.008−1.012	4.2−6.0%
Czech Pale Lager	20−35	3−6	1.028−1.044	1.008−1.014	3.0−4.1%
Czech Premium Pale Lager	30−45	3.5−6	1.044−1.060	1.013−1.017	4.2−5.8%
Czech Amber Lager	20−35	10−16	1.044−1.060	1.013−1.017	4.4−5.8%
Czech Dark Lager	18−34	14−35	1.044−1.060	1.013−1.017	4.4−5.8%
Munich Helles	16−22	3−5	1.044−1.048	1.006−1.012	4.7−5.4%
Festbier	18−25	4−7	1.054−1.057	1.010−1.012	5.8−6.3%
Helles Bock	23−35	6−11	1.064−1.072	1.011−1.018	6.3−7.4%
German Leichtbier	15−28	2−5	1.026−1.034	1.006−1.010	2.4−3.6%
Kölsch	18−30	3.5−5	1.044−1.050	1.007−1.011	4.4−5.2%
German Helles Exportbier	20−30	4−7	1.048−1.056	1.010−1.015	4.8−6.0%
German Pils	22−40	2−5	1.044−1.050	1.008−1.013	4.4−5.2%
Märzen	18−24	8−17	1.054−1.060	1.010−1.014	5.8−6.3%
Rauchbier	20−30	12−22	1.050−1.057	1.012−1.016	4.8−6%
Dunkles Bock	20−27	14−22	1.064−1.072	1.013−1.019	6.3−7.2%
Vienna Lager	18−30	9−15	1.048−1.055	1.010−1.014	4.7−5.5%
Altbier	25−50	11−17	1.044−1.052	1.008−1.014	4.3−5.5%

Estilos	IBUs	SRM	OG	FG	ABV
Kellerbier	20–35	3–7	1.045–1.051	1.008–1.012	4.7–5.4%
Amber Kellerbier	25–40	7–17	1.048–1.054	1.012–1.016	4.8–5.4%
Munich Dunkel	18–28	14–28	1.048–1.056	1.010–1.016	4.5–5.6%
Schwarzbier	20–30	17–30	1.046–1.052	1.010–1.016	4.4–5.4%
Doppelbock	16–26	6–25	1.072–1.112	1.016–1.024	7.0–10.0%
Eisbock	25–35	18–30	1.078–1.120	1.020–1.035	9.0–14.0%
Baltic Porter	20–40	17–30	1.060–1.090	1.016–1.024	6.5–9.5%
Weissbier	8–15	2–6	1.044–1.052	1.010–1.014	4.3–5.6%
Dunkles Weissbier	10–18	14–23	1.044–1.056	1.010–1.014	4.3–5.6%
Weizenbock	15–30	6–25	1.064–1.090	1.015–1.022	6.5–9.0%
Ordinary Bitter	25–35	8–14	1.030–1.039	1.007–1.011	3.2–3.8%
Best Bitter	25–40	8–16	1.040–1.048	1.008–1.012	3.8–4.6%
Strong Bitter	30–50	8–18	1.048–1.060	1.010–1.016	4.6–6.2%
British Golden Ale	20–45	2–6	1.038–1.053	1.006–1.012	3.8–5.0%
Australian Sparkling Ale	20–35	4–7	1.038–1.050	1.004–1.006	4.5–6.0%
English IPA	40–60	6–14	1.050–1.075	1.010–1.018	5.0–7.5%
Dark Mild	10–25	12–25	1.030–1.038	1.008–1.013	3.0–3.8%
British Brown Ale	20–30	12–22	1.040–1.052	1.008–1.013	4.2–5.4%
English Porter	18–35	20–30	1.040–1.052	1.008–1.014	4.0–5.4%
Scottish Light	10–20	17–22	1.030–1.035	1.010–1.013	2.5–3.2%
Scottish Heavy	10–20	13–22	1.035–1.040	1.010–1.015	3.2–3.9%
Scottish Export	15–30	13–22	1.040–1.060	1.010–1.016	3.9–6.0%
Irish Red Ale	18–28	9–14	1.036–1.046	1.010–1.014	3.8–5.0%
Irish Stout	25–45	25–40	1.036–1.044	1.007–1.011	4.0–4.5%
Irish Extra Stout	35–50	25–40	1.052–1.062	1.010–1.014	5.5–6.5%
Sweet Stout	20–40	30–40	1.044–1.060	1.012–1.024	4.0–6.0%
Oatmeal Stout	25–40	22–40	1.045–1.065	1.010–1.018	4.2–5.9%

Estilos	IBUs	SRM	OG	FG	ABV
Tropical Stout	30–50	30–40	1.056–1.075	1.010–1.018	5.5–8.0%
Foreign Extra Stout	50–70	30–40	1.056–1.075	1.010–1.018	6.3–8.0%
British Strong Ale	30–60	8–22	1.055–1.080	1.015–1.022	5.5–8.0%
Old Ale	30–60	10–22	1.055–1.088	1.015–1.022	5.5–9.0%
Wee Heavy	17–35	14–25	1.070–1.130	1.018–1.040	6.5–10.0%
English Barleywine	35–70	8–22	1.080–1.120	1.018–1.030	8.0–12.0%
Blonde Ale	15–28	3–6	1.038–1.054	1.008–1.013	3.8–5.5%
American Pale Ale	30–50	5–10	1.045–1.060	1.010–1.015	4.5–6.2%
American Amber Ale	25–40	10–17	1.045–1.060	1.010–1.015	4.5–6.2%
California Common	30–45	10–14	1.048–1.054	1.011–1.014	4.5–5.5%
American Brown Ale	20–30	18–35	1.045–1.060	1.010–1.016	4.3–6.2%
American Porter	25–50	22–40	1.050–1.070	1.012–1.018	4.8–6.5%
American Stout	35–75	30–40	1.050–1.075	1.010–1.022	5.0–7.0%
Imperial Stout	50–90	30–40	1.075–1.115	1.018–1.030	8.0–12.0%
American IPA	40–70	6–14	1.056–1.070	1.008–1.014	5.5–7.5%
Belgian IPA	50–100	5–15	1.058–1.080	1.008–1.016	6.2–9.5%
Black IPA	50–90	25–40	1.050–1.085	1.010–1.018	5.5–9.0%
Brown IPA	40–70	11–19	1.056–1.070	1.008–1.016	5.5–7.5%
Red IPA	40–70	11–19	1.056–1.070	1.008–1.016	5.5–7.5%
Rye IPA	50–75	6–14	1.056–1.075	1.008–1.014	5.5–8.0%
White IPA	40–70	5–8	1.056–1.065	1.010–1.016	5.5–7.0%
Double IPA	60–120	6–14	1.065–1.085	1.008–1.018	7.5–10.0%
American Strong Ale	50–100	7–19	1.062–1.090	1.014–1.024	6.3–10.0%
American Barleywine	50–100	10–19	1.080–1.120	1.016–1.030	8.0–12.0%
Wheatwine	30–60	8–15	1.080–1.120	1.016–1.030	8.0–12.0%
Berliner Weisse	3–8	2–3	1.028–1.032	1.003–1.006	2.8–3.8%

Estilos	IBUs	SRM	OG	FG	ABV
Flanders Red Ale	10−25	10−16	1.048−1.057	1.002−1.012	4.6−6.5%
Oud Bruin	20−25	15−22	1.040−1.074	1.008−1.012	4.0−8.0%
Lambic	0−10	3−7	1.040−1.054	1.001−1.010	5.0−6.5%
Gueuze	0−10	3−7	1.040−1.060	1.000−1.006	5.0−8.0%
Fruit Lambic	0−10	3−7	1.040−1.060	1.000−1.010	5.0−7.0%
Witbier	8−20	2−4	1.044−1.052	1.008−1.012	4.5−5.5%
Belgian Pale Ale	20−30	8−14	1.048−1.054	1.010−1.014	4.8−5.5%
Bière de Garde	18−28	6−19	1.060−1.080	1.008−1.016	6.0−8.5%
Belgian Blond Ale	15−30	4−7	1.062−1.075	1.008−1.018	6.0−7.5%
Saison (pale) (standard)	20−35	5−14	1.048−1.065	1.002−1.008	5.0−7.0%
Saison (dark) (standard)	20−35	15−22	1.048−1.065	1.002−1.008	5.0−7.0%
Saison (pale) (table)	20−35	5−14	1.048−1.065	1.002−1.008	3.5−5.0%
Saison (pale) (super)	20−35	5−14	1.048−1.065	1.002−1.008	7.0−9.5%
Belgian Golden Strong Ale	22−35	3−6	1.070−1.095	1.005−1.016	7.5−10.5%
Trappist Single	25−45	3−5	1.044−1.054	1.004−1.010	4.8−6.0%
Belgian Dubbel	15−25	10−17	1.062−1.075	1.008−1.018	6.0−7.6%
Belgian Tripel	20−40	4.5−7	1.075−1.085	1.008−1.014	7.5−9.5%
Belgian Dark Strong Ale	20−35	12−22	1.075−1.110	1.010−1.024	8.0−12.0%
Historical Beer: Gose	5−12	3−4	1.036−1.056	1.006−1.010	4.2−4.8%
Historical Beer: Kentucky Common	15−30	11−20	1.044−1.055	1.010−1.018	4.0−5.5%
Historical Beer: Lichtenhainer	5−12	3−6	1.032−1.040	1.004−1.008	3.5−4.7%

Estilos	IBUs	SRM	OG	FG	ABV
Historical Beer: London Brown Ale	15−20	22−35	1.033−1.038	1.012−1.015	2.8−3.6%
Historical Beer: Piwo Grodziskie	20−35	3−6	1.028−1.032	1.006−1.012	2.5−3.3%
Historical Beer: Pre-Prohibition Lager	25−40	3−6	1.044−1.060	1.010−1.015	4.5−6.0%
Historical Beer: Pre-Prohibition Porter	20−30	18−30	1.046−1.060	1.010−1.016	4.5−6.0%
Historical Beer: Roggenbier	10−20	14−19	1.046−1.056	1.010−1.014	4.5−6.0%
Historical Beer: Sahti	7−15	4−22	1.076−1.120	1.016−1.020	7.0−11.0%
Brett Beer	NS	NS	NS	NS	NS
Mixed-Fermentation Sour Beer	NS	NS	NS	NS	NS
Wild Specialty Beer	NS	NS	NS	NS	NS
Fruit Beer	NS	NS	NS	NS	NS
Fruit and Spice Beer	NS	NS	NS	NS	NS
Specialty Fruit Beer	NS	NS	NS	NS	NS
Spice, Herb, or Vegetable Beer	NS	NS	NS	NS	NS
Autumn Seasonal Beer	NS	NS	NS	NS	NS
Winter Seasonal Beer	NS	NS	NS	NS	NS
Alternative Grain Beer	NS	NS	NS	NS	NS
Alternative Sugar Beer	NS	NS	NS	NS	NS

Estilos	IBUs	SRM	OG	FG	ABV
Classic Style Smoked Beer	NS	NS	NS	NS	NS
Specialty Smoked Beer	NS	NS	NS	NS	NS
Wood-Aged Beer	NS	NS	NS	NS	NS
Specialty Wood-Aged Beer	NS	NS	NS	NS	NS
Clone Beer	NS	NS	NS	NS	NS
Mixed-Style Beer	NS	NS	NS	NS	NS
Experimental Beer	NS	NS	NS	NS	NS

REFERÊNCIAS

1. *Intensive Course in Brewing Technology*, parte 1, Word Brewing Academy (Siebel Institute of Technology and Doemens Academy).

2. *Intensive Course in Brewing Technology*, parte 2, Word Brewing Academy (Siebel Institute of Technology and Doemens Academy).

3. *Brew By the Numbers Add Up What's in Your Beer*, Michael L. Hall, Zymurgy.

4. *Brewing Engineering*, Steven Deeds

5. *Draught Beer Quality Manual*, Brewers Association.

6. *Guia de Estudo para os Exames de Cerveja do BJCP*, Edward Wolfe, Scott Bickham, David Houseman, Ginger Wotring, Dave Sapsis, Peter Garofalo e Chuck Hanning.

7. *How to Brew*, John Palmer.

8. *IBU, Calculating Bitterness*, Michael L. Hall.

9. *Principle of Brewing Science*, George Fix.

10. *Recipe Formulation Calculations for Brewers*, Martin P. Manning

11. *Water, A Comprehensive Guide for Brewers*, John Palmer e Colin Kaminski.

12. *Yeast, The Practical Guide to Beer Fermentation*, Chris White e Jamil Zainasheff.

13. *pH in Brewin: Na Overview*, Charles W. Bamforth.

14. *A Homebrewing Perspective on Mash pH I: The Grain Bill*, D. Mark Riffle.

15. *A Homebrewing Perspective on Mash pH II: Water*, D. Mark Riffle.

16. *The Effect of Brewing Water and Grist Composition on the pH of the Mash*, Kai Troester

17. *A Handbook of Basic Brewing Calculations*, Stephen R. Holle

18. *Hop Bitter Acid Isomerization and Degradation Kinetics in a Model Wort-Boiling System*, Mark G. Malowicki.

19. *Dry Hopping Low IBU Beers And Its Effect On Beer Bitterness*, Hopsteiner.

20. *Dry Hopping High IBU Beers And Its Effect On Beer Bitterness*, Hopsteiner.

21. "The Full IBU Model", "Zymurgy".

22. *Humulinone Formation in Hops and Hop Pellets and Its Implications for Dry Hopped Beers", Unit Test and Beer Bitterness*, Jonh Oaul Maye, Robert Smith e Jeremy Leker.

23. *Dry Hopping and Its Effects on the International Bitterness Unit Test and Beer Bitterness*, Jonh Oaul Maye, Robert Smith e Jeremy Leker.

24. Catálogo de *Maltes* da Weyermann.

⊙ editoraletramento   ⊕ editoraletramento.com.br
(f) editoraletramento   (in) company/grupoeditorialletramento
(y) grupoletramento   ✉ contato@editoraletramento.com.br

⊕ casadodireito.com   (f) casadodireitoed   ⊙ casadodireito